INTRODUÇÃO AO BUDISMO

Ordem sugerida, para iniciantes, de estudo ou de leitura dos livros de Venerável Geshe Kelsang Gyatso Rinpoche

Como Transformar a sua Vida
Como Entender a Mente
Caminho Alegre da Boa Fortuna
O Espelho do Dharma com Adições
Novo Coração de Sabedoria
Budismo Moderno
Solos e Caminhos Tântricos
Novo Guia à Terra Dakini
Essência do Vajrayana
As Instruções Orais do Mahamudra
Grande Tesouro de Mérito
Novo Oito Passos para a Felicidade
Introdução ao Budismo
Como Solucionar Nossos Problemas Humanos
Contemplações Significativas
O Voto Bodhisattva
Compaixão Universal
Novo Manual de Meditação
Viver Significativamente, Morrer com Alegria
Oceano de Néctar
Joia-Coração
Clara-Luz de Êxtase
Mahamudra-Tantra

Este livro é publicado sob os auspícios do
Projeto Internacional de Templos da NKT-IKBU,
e o lucro recebido com a sua venda está direcionado para
benefício público através desse fundo.
[Reg. Charity number 1015054 (England)]
Para mais informações:
tharpa.com/br/beneficie-todos

Venerável Geshe Kelsang
Gyatso Rinpoche

Introdução ao Budismo

UMA EXPLICAÇÃO DO
ESTILO DE VIDA BUDISTA

6ª edição ampliada

EDITORA THARPA
BRASIL • PORTUGAL

São Paulo, 2025

Primeira edição em língua inglesa em 2005. Segunda edição em 2001.

Primeira edição em língua portuguesa em 1992.
Sexta edição ampliada em 2015.
Reimpresso em 2017, 2020, 2021 e 2025.

Título original:
Introduction to Buddhism: An explanation of the Buddhist way of life

Tradução do original autorizada pelo autor.

Tradução, Revisão e Diagramação Tharpa Brasil

ISBN 978-65-86468-46-5 – brochura
ISBN 978-65-86468-45-8 – e-book

Dados Internacionais de Catalogação na Publicação (CIP)
(Câmara Brasileira do Livro, SP, Brasil)

Rinpoche, Geshe Kelsang Gyatso
Introdução ao budismo : uma explicação do estilo de vida budista / Geshe Kelsang Gyatso Rinpoche ; [tradução Editora Tharpa Brasil]. -- 6. ed. ampl. -- São Paulo : Editora Tharpa Brasil, 2025.

Título original: Introduction to buddhism.
ISBN 978-65-86468-46-5

1. Budismo - Doutrinas 2. Budismo - Ensinamentos 3. Budismo - Filosofia 4. Budismo - História I. Título.

25-270654 CDD-294.34

Índices para catálogo sistemático:

1. Budismo : Doutrinas e práticas : Religião 294.34

Aline Graziele Benitez - Bibliotecária - CRB-1/3129

2025

EDITORA THARPA BRASIL
Rua Artur de Azevedo, 1326 - Pinheiros
05404-003 - São Paulo, SP
www.tharpa.com/br
@tharpabrasil
+55 11 91332-2753
contato.br@tharpa.com

EDITORA THARPA PORTUGAL
Rua Moinho do Gato, 5
2710-661 - Várzea de Sintra, Sintra
www.tharpa.pt
@tharpaportugal
info@tharpa.pt

Sumário

Ilustrações

As ilustrações neste livro retratam os Trinta e Cinco Budas Confessionais. A prática de purificação associada a estes Budas, chamada *Sutra Mahayana dos Três Montes Superiores*, está explicada no Apêndice II.

Agradecimentos

Este livro, *Introdução ao Budismo*, é uma explicação excepcionalmente clara do estilo de vida budista. Do fundo do nosso coração, agradecemos ao autor, Venerável Geshe Kelsang Gyatso Rinpoche, por sua incomensurável bondade em preparar este livro, o qual proporciona uma introdução definitiva ao Budismo para todos aqueles que vivem no Ocidente.

Agradecemos também a todos os dedicados estudantes de Dharma seniores que auxiliaram o autor a estabelecer a versão para a língua inglesa e que prepararam o manuscrito final para publicação.

Roy Tyson,
Diretor Administrativo,
Centro de Meditação Kadampa Manjushri,
Outubro de 1992.

Nota Editorial

Se você ainda não estiver familiarizado com a vida e os ensinamentos de Buda, talvez algumas ideias e práticas explicadas neste livro possam lhe parecer estranhas. Contudo, se pensar sobre elas com paciência e sinceridade, descobrirá que são muito significativas e relevantes em nossa vida diária. Embora o budismo seja uma religião antiga do oriente, as práticas ensinadas por Buda são atemporais e universalmente aplicáveis. Hoje em dia, muitas pessoas estão descobrindo que o budismo oferece respostas e soluções aos seus problemas que não podem ser encontradas em outro lugar. Esperamos que a publicação deste livro ajude a melhorar a compreensão e aprofundar a apreciação do budismo no ocidente.

Ilustração da capa A flor de lótus é um tradicional símbolo budista de pureza. O lótus nasce do lodo que está no fundo de um lago, mas floresce acima de suas águas como uma flor imaculada que confere prazer a todos que a contemplam. De modo semelhante, os seres vivos nascem no oceano de sofrimento com corpos impuros e mentes impuras; porém, se treinarem em meditação, conseguirão obter um corpo e uma mente completamente puros e trarão paz e felicidade a todos que encontrarem.

Nota do Tradutor

As palavras de origem sânscrita e tibetana, como *Bodhichitta*, *Bodhisattva*, *Dharma*, *Geshe*, *Sangha* etc., foram grafadas como aparecem na edição original deste livro, em língua inglesa, em respeito ao trabalho de transliteração previamente realizado e por evocarem a pureza das línguas originais das quais procedem.

Em alguns casos, contudo, optou-se por aportuguesar as palavras já assimiladas à língua portuguesa (Buda, Budeidade, budismo, carma) em vez de escrevê-las de acordo com a sua transliteração (*Buddha*, *karma*).

As palavras estrangeiras foram grafadas em itálico somente na primeira vez que aparecem no texto.

PARTE UM:

Budismo Básico

Buda Shakyamuni

Quem foi Buda?

Em geral, Buda significa "o Desperto", alguém que acordou do sono da ignorância e vê as coisas como realmente são. Um Buda é uma pessoa inteiramente livre de todas as falhas e obstruções mentais. Várias pessoas já se tornaram Budas no passado e muitas farão o mesmo no futuro.

O Buda que fundou a religião budista chama-se Shakyamuni. *Shakya* é o nome da família real no seio da qual ele nasceu e a palavra *muni* significa "O Capaz". Buda Shakyamuni nasceu em 624 a.C., em Lumbini, que na época fazia parte da Índia, mas hoje pertence ao Nepal. Sua mãe foi a rainha Mayadevi e seu pai, o rei Shudodana.

Certa noite, a rainha sonhou que um elefante branco descia do paraíso e ingressava em seu útero. Esse ingresso foi um presságio de que concebera um ser puro e poderoso, e a descida do elefante do paraíso, um indício de que seu filho vinha do céu de Tushita, a Terra Pura de Buda Maitreya.

Mais tarde, quando a rainha deu à luz, em vez de sentir dor, ela teve uma visão muito especial e pura. Viu-se apoiada numa árvore, segurando um de seus ramos com a mão direita, enquanto os deuses Brahma e Indra tiravam de seu flanco, sem dor, uma criança. Os deuses, então, reverenciavam a criança, oferecendo-lhe abluções rituais.

Quando viu o filho, o rei sentiu que todos os seus desejos haviam sido satisfeitos e chamou o pequeno príncipe de Siddhartha. Sua majestade convidou um brâmane vidente para fazer predições sobre o futuro do príncipe. O vidente examinou a criança com sua clarividência e disse ao rei: "Há sinais de que o menino pode se tornar ou um rei *chakravatin*, líder do mundo inteiro, ou um Buda plenamente iluminado. Entretanto, como a era dos reis chakravatin já passou, é certo que ele se tornará um Buda e a sua influência benéfica se espalhará pelos mil milhões de mundos, como os raios de um sol."

Durante a infância, o príncipe aprendeu sozinho todas as artes e ciências tradicionais, sem que fosse preciso receber instruções. Além de conhecer 64 línguas, cada uma com o seu próprio alfabeto, ele também era muito habilidoso em matemática. Certa vez, disse ao rei Shudodana que poderia contar todos os átomos do mundo no espaço de uma única respiração. Embora não precisasse estudar, fez isso para agradar ao pai e beneficiar os outros. A pedido do rei, ingressou numa escola, onde, além de estudar vários assuntos acadêmicos, aprendeu com maestria as artes marciais, o manejo de arco e flecha e outros esportes. O príncipe usava todas as oportunidades para inspirar e encorajar as pessoas a seguirem caminhos espirituais. Certa ocasião, durante um torneio de arco, declarou: "Com o arco da concentração meditativa, arremessarei a flecha da sabedoria e matarei o tigre da ignorância dos seres vivos". Disparou, então, uma flecha, que, certeira, atravessou de ponta a ponta cinco tigres de ferro e sete árvores, antes de desaparecer na terra. Ao testemunharem demonstrações como essa, milhares de pessoas desenvolviam fé no príncipe.

Siddhartha, às vezes, visitava a capital do reino paterno para ver como o povo vivia. Durante tais passeios, entrou em contato com muitos idosos e doentes e, certa vez, viu um cadáver. Esses encontros deixaram uma forte impressão em sua mente, levando-o a perceber que todos os seres vivos, sem exceção, estão condenados a experienciar os sofrimentos do nascimento, da doença, do envelhecimento e da morte. Por compreender as leis do renascimento, ele também entendeu que tais sofrimentos não acontecem uma vez, mas se repetem vida após vida, sem cessar. Percebendo que os seres vivos estão presos nesse círculo vicioso de sofrimento, o príncipe sentiu profunda compaixão por todos eles e desenvolveu um sincero desejo de libertá-los. Siddhartha viu, com clareza, que só um Buda plenamente iluminado possui a sabedoria e o poder necessários para ajudar todos os seres vivos. Então, decidiu sair do palácio e recolher-se à solidão da floresta, onde se empenharia em profunda meditação até alcançar a iluminação.

Ao perceber que o príncipe pretendia deixar o palácio, o povo do reino Shakya, na esperança de fazê-lo mudar de ideia, sugeriu ao rei que lhe arranjasse um casamento. O rei assentiu e não demorou a encontrar uma noiva condizente com a posição do príncipe. A jovem era filha de uma respeitável família Shakya e seu nome era Yasodhara. Siddhartha manteve inabalável sua decisão de deixar o palácio e alcançar a iluminação. Ele não alimentava nenhum apego pelos prazeres mundanos, pois compreendera que objetos de apego são como flores venenosas – inicialmente parecem atraentes, mas por fim originam grande dor. Contudo, para satisfazer a vontade do pai e proporcionar benefícios temporários ao povo shakya, Siddhartha aceitou casar-se com Yasodhara. Continuou a viver no palácio e dedicou todo o tempo e energia para servir seu povo da melhor maneira que podia.

Aos 29 anos, o príncipe teve uma visão, na qual todos os Budas das dez direções lhe apareceram e falaram em uníssono: "Anteriormente, tomaste a decisão de te tornares um Buda Conquistador para ajudar todos os seres vivos, prisioneiros do ciclo de sofrimento. É chegada a hora de cumprir tua promessa". O príncipe dirigiu-se imediatamente à presença dos pais e contou a eles sua intenção: "Desejo recolher-me a um lugar tranquilo na floresta, onde possa me empenhar em profunda meditação e rapidamente alcançar a plena iluminação. Então, serei capaz de recompensar a bondade de todos os seres vivos, especialmente a vossa, meus pais. Por tais razões, solicito vosso consentimento para deixar o palácio". Ao ouvir tais palavras, os pais ficaram chocados e o rei negou a permissão requerida. Siddhartha disse ao rei: "Pai, se puderes me outorgar a liberdade permanente dos sofrimentos de nascer, adoecer, envelhecer e morrer, permanecerei no palácio. Porém, se não tiveres poder para tanto, terei que partir e tornar minha vida humana significativa".

O rei usou de todos os artifícios ao seu alcance para impedir que o filho deixasse o palácio. Na esperança de que mudasse de ideia, cercou-o com um séquito de lindas mulheres, dançarinas, cantores e músicos, que, dia e noite, tentavam conquistá-lo com seus encantos; e, para impedir qualquer tentativa de fuga, postou guardas ao redor das muralhas da residência real. Porém, a determinação do príncipe de deixar o reino e adotar uma vida de meditação mostrou-se inabalável. Certa noite, ele recorreu a seus poderes miraculosos e fez com que os guardas e serviçais caíssem num sono profundo; enquanto dormiam, o jovem príncipe fugiu com a ajuda de um fiel escudeiro. Depois de cavalgar cerca de nove quilômetros, ele desmontou e despediu-se do ajudante. Então, cortou os cabelos e jogou-os para o céu, onde foram apanhados pelos deuses da *Terra dos 33 Paraísos*. Um deles presenteou o príncipe com as túnicas cor de açafrão de um mendicante religioso e Siddhartha, em troca, ofereceu-lhe suas vestimentas reais. Foi desse modo que ele ordenou a si próprio.

Siddhartha dirigiu-se, então, para perto de Bodh Gaya, na Índia, onde encontrou um local adequado para meditar. Ali permaneceu, enfatizando uma meditação denominada "concentração semelhante-ao-espaço no *Dharmakaya*", que consiste em se concentrar de modo estritamente focado na natureza última de todos os fenômenos. Depois de treinar nessa meditação durante seis anos, ele percebeu que estava muito próximo de alcançar a plena iluminação e andou até Bodh Gaya. Ali, num dia de lua cheia do quarto mês do calendário lunar, sentou-se em postura meditativa sob uma árvore *bodhi* e jurou que não sairia da meditação antes de alcançar a perfeita iluminação. Assim determinado, entrou em concentração semelhante-ao-espaço no Dharmakaya.

Ao cair da noite, *Mara* Devaputra, o chefe de todos os demônios deste mundo, tentou perturbar a concentração de Siddhartha provocando aparições aterrorizantes. Manifestou hostes de tenebrosos demônios – alguns arremessavam lanças e flechas contra Siddhartha, outros tentavam queimá-lo com fogo ou atiravam blocos de pedras e até montanhas sobre ele. Siddhartha permaneceu completamente impassível. Pela força de sua concentração, projéteis, pedras e montanhas apareciam-lhe como uma chuva de flores perfumadas, e labaredas incandescentes convertiam-se em luminosas oferendas de arco-íris.

Ao ver que o medo não faria Siddhartha abandonar sua meditação, Mara Devaputra tentou distraí-lo emanando um séquito de mulheres sedutoras. Porém, Siddhartha reagiu concentrando-se ainda mais profundamente. Assim, ele triunfou sobre todos os demônios deste mundo, motivo pelo qual, mais tarde, tornou-se conhecido como "Buda Conquistador".

Depois desse episódio, Siddhartha prosseguiu com sua meditação até o alvorecer, quando alcançou a última mente de um ser limitado – a concentração semelhante-a-um-*vajra*. Com essa concentração, ele removeu os derradeiros véus da ignorância e, no instante seguinte, tornou-se um Buda, um ser plenamente iluminado.

Por ter acordado do sono da ignorância e eliminado todas as obstruções mentais, Buda conhece perfeitamente o passado, o presente e o futuro, de maneira simultânea e direta. Não há nada que um Buda desconheça. Além disso, sua grande compaixão é inteiramente imparcial e inclui todos os seres vivos, sem exceção. Buda beneficia a todos com equanimidade, abençoando suas mentes e emanando muitas formas pelo universo. Ao receber essas bênçãos, até o mais primitivo dos animais torna-se capaz de desenvolver estados mentais calmos e virtuosos. Todo ser vivo terá, em algum momento, a oportunidade de encontrar uma emanação de Buda sob a forma de um Guia Espiritual e, quando esse dia chegar, será conduzido à libertação e à iluminação. Como disse o grande erudito indiano Nagarjuna, ninguém deixará de receber a ajuda de Buda.

Passados 49 dias de sua iluminação, Buda foi solicitado, pelos deuses Brahma e Indra, a dar ensinamentos. Eles pediram:

Ó Buda, Tesouro de Compaixão,
Os seres vivos são como cegos, constantemente ameaçados de cair nos reinos inferiores.
Neste mundo, não há outro Protetor além de ti.
Portanto, rogamos que saias do equilíbrio meditativo e gires a Roda do *Dharma*.

Em resposta a essa súplica, Buda saiu da meditação e ensinou a primeira "Roda do Dharma". Os ensinamentos dados nessa ocasião, que incluem o *Sutra das Quatro Nobres Verdades* e outros discursos, são a principal fonte do *hinayana*, ou veículo menor do budismo. Mais tarde, Buda ensinou a segunda e a terceira Rodas do Dharma, que incluem os *Sutras Perfeição de Sabedoria* e o *Sutra Discriminando a Intenção*. Esses ensinamentos são as principais fontes do budismo *mahayana*, ou grande veículo. No hinayana, Buda explica como obter a libertação do sofrimento apenas para si próprio; no mahayana, ele ensina como alcançar a plena iluminação, ou Budeidade, para o benefício de todos. Ambas as tradições floresceram na Ásia; primeiro na Índia e, a seguir, em outros países vizinhos, inclusive o Tibete. Hoje em dia, também começam a se desenvolver no Ocidente.

Os ensinamentos de Buda são chamados de Roda do Dharma por uma razão precisa. Diz-se que, em tempos remotos, o mundo era regido por poderosos reis, conhecidos como reis chakravatin. Eles tinham posses especiais, entre as quais uma roda preciosa, a bordo da qual podiam viajar ao redor do mundo. Bastava que a roda chegasse a um determinado lugar para que o rei dominasse aquela região. Os ensinamentos de Buda são comparados a essa roda preciosa, pois sempre que são colocados em prática nos dão a oportunidade de dominar nossa mente.

Dharma significa "proteção". Praticando os ensinamentos de Buda nos protegeremos de sofrimentos e problemas. Todos os problemas que experienciamos em nossa vida cotidiana originam-se na ignorância e praticar o Dharma é o método para eliminá-la.

A prática do Dharma é o método supremo para melhorar a qualidade da nossa vida humana. Qualidade de vida não depende de desenvolvimento exterior ou de progresso material e sim de desenvolvimento de paz e felicidade interiores. Por exemplo, no passado muitos budistas viviam em países pobres e subdesenvolvidos, mas eles eram capazes de encontrar felicidade pura e duradoura colocando em prática o que Buda havia ensinado.

Se incorporarmos tais ensinamentos em nossa vida diária, conseguiremos solucionar todos os nossos problemas internos e conquistaremos uma mente serena. Sem paz interior, a paz exterior é impossível. Se conquistarmos a paz interior por meio dos caminhos espirituais, a paz exterior virá com naturalidade; mas, se não o fizermos, nunca haverá paz mundial, por maior que seja o número de pessoas lutando por ela.

Budismo, ou *Budadharma*, são os ensinamentos de Buda e as experiências ou realizações interiores que temos desses ensinamentos. Buda transmitiu 84 mil ensinamentos que podem ser divididos em básicos e avançados. Os ensinamentos essenciais do budismo básico serão explicados na primeira parte deste livro e os mais avançados, na segunda e na terceira partes.

Buda Completo Subjugador com a Essência do Vajra

Buda Joia de Luz Radiante

Buda Poderoso Rei dos Nagas

Entender a Mente

Buda ensinou que tudo depende da mente. Para compreender esse ensinamento precisamos, primeiro, entender a natureza e as funções da mente. A princípio, isso pode parecer fácil, visto que todos nós temos uma mente e sabemos em que estado ela se encontra – se está feliz ou triste, clara ou confusa e assim por diante. Contudo, se alguém nos perguntasse qual é a natureza de nossa mente e como ela funciona, é provável que não soubéssemos dar uma resposta precisa. Isso indica que não temos uma compreensão clara da mente.

Alguns pensam que a mente é o cérebro ou qualquer outra parte ou função do corpo, mas isso é incorreto. O cérebro é um objeto físico que pode ser visto, fotografado ou submetido a uma operação cirúrgica. A mente, por outro lado, não é algo material. Ela não pode ser vista com os olhos, nem fotografada, tampouco operada. Portanto, o cérebro não é a mente, mas apenas uma parte do corpo.

Não há nada dentro do corpo que possa ser identificado como sendo nossa mente, porque corpo e mente são entidades diferentes. Por exemplo, às vezes nosso corpo está descontraído e imóvel e a mente, em plena atividade, pulando de um objeto para outro. Isso indica que corpo e mente não são a mesma entidade. Nas escrituras budistas, nosso corpo é comparado a uma hospedaria e a mente, ao hóspede que ali reside. Quando morremos, a mente deixa o corpo e vai para a próxima vida, da mesma forma que um hóspede sai de uma hospedaria e vai para outro lugar.

Se a mente não é o cérebro nem outra parte qualquer do corpo, o que ela é? A mente é um *continuum* sem forma, que tem como função perceber e entender os objetos. Como ela é, por natureza, algo sem forma ou incorpóreo, não pode ser obstruída por objetos físicos. O corpo, por exemplo, não pode ir à Lua, a não ser que disponha de uma espaçonave; mas a mente fará isso num instante toda vez que pensar na Lua. Conhecer e perceber objetos constituem a função própria, ou incomum, da mente. Embora digamos "eu conheço isso ou aquilo", na realidade quem conhece é nossa mente. Só conhecemos as coisas usando a mente.

Existem três níveis de mente: densa, sutil e muito sutil. Mentes densas são as consciências sensoriais, como a auditiva e a visual, e todas as delusões fortes, como raiva, inveja, apego e a forte ignorância do agarramento ao em-si. Essas mentes densas estão relacionadas aos ventos interiores densos e são facilmente reconhecidas. Quando dormimos ou morremos, nossas mentes densas se dissolvem internamente e as sutis tornam-se manifestas. As mentes sutis estão relacionadas aos ventos interiores sutis e é mais difícil reconhecê-las. Durante o sono profundo e no final do processo da morte, os ventos interiores se dissolvem no centro da roda-canal do coração, dentro do canal central; então, a mente muito sutil, a mente de clara-luz, torna-se manifesta. Ela está ligada ao vento interior muito sutil e reconhecê-la é extremamente difícil. O continuum dessa mente não tem começo nem fim. É a mente muito sutil que passa de uma vida para a outra e, se for purificada pelo treino em meditação, poderá ser transformada na mente onisciente de um Buda.

É muito importante ser capaz de distinguir entre estados mentais agitados e pacíficos. Os estados mentais que perturbam nossa paz interior, tais como raiva, inveja e apego desejoso, são denominados "delusões". Elas são as principais causas de todo o nosso sofrimento. Talvez pensemos que o nosso sofrimento seja provocado por outras pessoas, pela falta de condições materiais ou pela sociedade, mas os verdadeiros causadores dessa dor são nossos próprios estados mentais deludidos. A essência da prática de Dharma consiste em reduzir e, por fim, erradicar totalmente nossas delusões, substituindo-as por estados mentais pacíficos e virtuosos. Esse é o principal objetivo do treino em meditação.

Normalmente, buscamos felicidade fora de nós. Tentamos obter as melhores condições materiais, o melhor emprego, elevada posição social e assim por diante; porém, por maior que seja nosso sucesso exterior, continuamos a experienciar muitos problemas e grande insatisfação. Nossa felicidade nunca é pura e duradoura. Em seus ensinamentos de Dharma, Buda nos aconselha a não procurar felicidade fora de nós mesmos, mas estabelecê-la em nossa mente. Como fazer isso? Purificando e controlando nossa mente por meio da prática sincera do Budadharma. Se treinarmos desse modo, garantiremos uma mente calma e feliz o tempo todo, por mais difíceis que sejam as circunstâncias exteriores.

Embora façamos de tudo para obter felicidade, ela sempre se esquiva de nós, ao passo que os sofrimentos e problemas parecem brotar naturalmente, sem nenhum esforço. Por quê? Isso acontece porque as causas de felicidade em nossa mente, ou seja, nossas virtudes, são muito fracas e exigem o investimento de grande esforço para produzirem algum efeito. Por outro lado, as causas internas de sofrimentos e problemas, nossas delusões, são muito fortes e produzem efeitos sem nenhum esforço de nossa parte. Essa é a verdadeira razão pela qual os problemas surgem naturalmente, ao passo que a felicidade é tão difícil de ser encontrada.

Contemplando isso, podemos perceber que as principais causas tanto de felicidade como de problemas estão na mente, não no mundo exterior. Se fôssemos capazes de sustentar uma mente calma e serena ao longo do dia, nunca experienciaríamos problemas ou sofrimentos mentais. Por exemplo, se nos mantivermos sempre serenos – mesmo quando insultados, criticados ou caluniados, despedidos ou afastados dos amigos – nunca nos sentiremos infelizes. Por pior que sejam as circunstâncias exteriores, elas não serão um problema para nós. Portanto, se quisermos nos livrar das dificuldades, só há uma coisa a fazer: aprender a manter um estado mental tranquilo, praticando o Dharma sincera e puramente.

Buda Líder dos Heróis

Buda Prazer Glorioso

Buda Joia Fogo

Vidas Passadas e Futuras

Se compreendermos a natureza da mente, também entenderemos a existência de vidas passadas e futuras. Muitos acreditam que, quando o corpo se desintegra na morte, o continuum mental cessa e a mente deixa de existir, como uma chama de vela que se apaga quando a cera é totalmente consumida. Certas pessoas chegam a cometer suicídio na esperança de que a morte ponha um fim a seus problemas e sofrimentos. Contudo, tais ideias são totalmente errôneas. Conforme já explicamos, o corpo e a mente são entidades separadas; assim, apesar de o corpo se desintegrar na morte, o continuum mental não sofre interrupções. Em vez de cessar, a mente apenas deixa o corpo atual e vai para a próxima vida. Isso significa que para nós, os seres comuns, a morte só renova os sofrimentos, ao invés de eliminá-los. Por não entenderem isso, muitos destroem suas preciosas vidas humanas cometendo suicídio.

Uma maneira de compreender a existência de vidas passadas e futuras consiste em examinar o processo de dormir, sonhar e acordar, devido à sua grande semelhança com o processo da morte, de passar pelo estado intermediário e de renascer. Quando dormimos, nossos ventos interiores densos se juntam e se dissolvem e nossa mente aos poucos se sutiliza até se transformar na mente muito sutil da clara-luz do sono. Enquanto a clara-luz do sono está manifesta, experienciamos um sono profundo e parecemos, aos olhos dos outros, uma pessoa morta. Ao término dessa clara-luz, a mente se torna cada vez mais densa e passamos pelas várias fases do estado do sonho. Por fim, nossas faculdades normais de memória e de controle mental são restauradas e despertamos. Quando isso acontece, nosso mundo do sonho desaparece e percebemos o mundo do estado desperto.

Na morte ocorre um processo similar. Conforme morremos, nossos ventos se dissolvem interiormente e a consciência vai se sutilizando até a manifestação da mente muito sutil da clara-luz da morte. A experiência da clara-luz da morte é semelhante à do sono profundo. Quando a clara-luz da morte cessa, experienciamos as etapas do estado intermediário, ou *bardo*, em tibetano – um período que acontece entre a morte e o renascimento e se assemelha a um sonho. Depois de alguns dias ou semanas, o estado intermediário termina e renascemos. Assim como, ao despertar do sono, o mundo do sonho desaparece e percebemos o mundo do estado desperto, também ao renascer, as aparências do estado intermediário cessam e percebemos o mundo de nossa próxima vida.

A única diferença significativa entre o processo de dormir, sonhar e acordar e o processo da morte, de passar pelo estado intermediário e de renascer é que o relacionamento entre nossa mente e nosso corpo continua intacto após o cessar da clara-luz do sono, ao passo que ele é interrompido no caso da clara-luz da morte. Contemplando isso, vamos nos convencer da existência de vidas passadas e futuras.

Em geral, acreditamos que as coisas percebidas em sonhos são irreais, ao passo que as percebidas quando estamos despertos são verdadeiras; mas Buda disse que todos os fenômenos são como sonhos, uma vez que são meras aparências à mente. Para aqueles que conseguem interpretá-los corretamente, os sonhos têm um grande significado. Por exemplo, sonhar que visitamos um país onde nunca estivemos durante esta vida pode indicar uma das seguintes possibilidades: visitamos esse país numa vida anterior; vamos fazê-lo mais tarde, ainda nesta vida; iremos visitá-lo numa vida futura; ou ele tem algum significado especial para nós – recebemos recentemente uma carta desse país ou assistimos a um documentário sobre o lugar. Do mesmo modo, sonhar que estamos voando significa que fomos, numa vida anterior, um ser que podia voar, como um pássaro ou um meditador com poderes miraculosos; ou pressagia que nos tornaremos, no futuro, um ser desse tipo. Tal sonho também pode ter um significado menos literal e simbolizar uma melhora de nossa saúde ou estado mental.

Foi com a ajuda de sonhos que eu, o autor, consegui descobrir onde minha mãe havia renascido. Um pouco antes de morrer, ela adormeceu durante alguns minutos e, ao acordar, contou à minha irmã que sonhara comigo. No sonho eu lhe ofertava uma tradicional echarpe branca, ou *khatag*. Tomei esse sonho como um sinal de que poderia ajudar minha mãe em sua próxima vida. Após seu falecimento, rezei todos os dias para que ela renascesse na Inglaterra, onde eu vivia, dando-me assim a oportunidade de encontrar e reconhecer sua reencarnação. Fiz intensos pedidos ao meu *Dharmapala*, para que me mostrasse sinais claros do lugar onde a reencarnação de minha mãe poderia ser encontrada.

Mais tarde tive três sonhos muito significativos. Primeiro, sonhei que tinha encontrado minha mãe num lugar que me pareceu a Inglaterra. Perguntei como ela conseguira viajar da Índia para lá. Contudo, ela respondeu que não tinha vindo da Índia, e sim da Suíça. Depois, sonhei que minha mãe conversava com um grupo de pessoas. Aproximei-me dela e falei em tibetano, mas ela parecia não entender o que eu dizia. Minha mãe nunca falou outra língua a não ser o tibetano, porém, no sonho, seu inglês era fluente. Perguntei por que havia esquecido o tibetano, mas ela não respondeu. Depois, nesse mesmo sonho, apareceu um casal ocidental que estava ajudando o desenvolvimento de centros de Dharma na Grã-Bretanha.

Os dois sonhos pareciam fornecer pistas sobre onde minha mãe havia renascido. Dois dias depois do segundo sonho, o marido, do casal com quem eu sonhara, me visitou e contou que sua mulher estava grávida. Lembrei-me imediatamente do sonho e pensei que o bebê poderia ser a reencarnação de minha mãe.

O fato de minha mãe ter esquecido o tibetano e só falar inglês sugeria um renascimento em país de língua inglesa e a presença daquele casal no sonho indicava que eles poderiam ser seus pais. Então, fiz uma prática tradicional de adivinhação e de preces rituais, denominada *mo*, em tibetano; o resultado indicou que a criança era a reencarnação de minha mãe. Fiquei muito feliz, mas não contei nada a ninguém.

Na noite em que a esposa foi dar à luz no hospital, sonhei com minha mãe repetidas vezes. Na manhã seguinte, pensei cuidadosamente sobre o assunto e tomei uma decisão. Se o bebê tivesse nascido naquela noite, ele seria a reencarnação de minha mãe; caso contrário, eu deveria prosseguir a investigação. Após tomar essa decisão, telefonei ao marido e ele me deu a boa notícia: na noite anterior, sua mulher havia dado à luz uma menina. Fiquei muito feliz e realizei um *puja*, ou cerimônia de oferenda, como ação de graças ao meu Dharmapala.

Alguns dias depois, o pai telefonou-me e contou que o bebê sempre parava de chorar e ouvia atentamente quando ele recitava o mantra de Buda Avalokiteshvara, OM MANI PEME HUM. Ele quis saber o motivo desse comportamento e respondi que eram tendências adquiridas pelo bebê em vidas anteriores. Eu sabia que durante toda a sua vida minha mãe havia recitado esse mantra com muita fé.

A criança recebeu o nome de Amaravajra. Mais tarde, quando Kuten Lama, irmão de minha mãe, visitou a Inglaterra e encontrou Amaravajra pela primeira vez, ficou impressionado com o afeto que ela lhe demonstrou. Segundo ele, era como se a menina o tivesse reconhecido. Comigo também aconteceu algo parecido. Embora raramente pudesse visitá-la, ela sempre ficava muito feliz ao me ver. Certa vez, quando Amaravajra começou a falar, ela mostrou um cachorro e disse: *kyi, kyi*. Passou a repetir essa palavra sempre que via um cachorro. Seu pai perguntou-me qual o significado de *kyi* e respondi que, no dialeto falado no oeste do Tibete, lugar onde minha mãe viveu, *kyi* significava cachorro.

Essa não foi a única palavra tibetana que a menina pronunciou espontaneamente.

Algum tempo mais tarde, o marido de minha irmã contou que, quando minha mãe morreu, um astrólogo tibetano predisse que ela teria um renascimento de sexo feminino, num país de língua estrangeira. Essa história faz parte da minha experiência pessoal, mas, se investigarmos, encontraremos muitos outros casos verídicos de pessoas que foram capazes de reconhecer a reencarnação de seus professores, parentes ou amigos. Contemplando essas histórias e refletindo sobre a natureza da mente e a experiência dos sonhos ficaremos convencidos, sem sombra de dúvida, da existência de vidas passadas e futuras.

Em seus ensinamentos tântricos, Buda apresentou uma prática especial denominada "transferência de consciência para outro corpo". Essa prática foi muito difundida nos primórdios do budismo no Tibete. Tarma Dode, filho do famoso lama leigo e tradutor tibetano Marpa, era um especialista nessa prática. Um dia, enquanto cavalgava, Tarma Dode caiu e feriu-se fatalmente. Marpa, sabendo que o filho dominava a prática da transferência de consciência, imediatamente procurou um cadáver para o qual o rapaz pudesse transferir sua consciência. Não encontrando um corpo humano, entregou ao filho o cadáver de um pombo para servir de morada temporária à sua mente. Então, Tarma Dode ejetou a mente de seu corpo humano moribundo e ingressou no cadáver do pombo. No mesmo instante, seu antigo corpo humano morreu e o do pombo voltou à vida. O corpo de Tarma Dode passou a ser o de um pombo, mas sua mente continuou sendo a mente de um ser humano.

Marpa não queria que o filho permanecesse sob a forma de um pombo e continuou sua procura por um cadáver humano devidamente qualificado. Usando sua clarividência, viu que um professor budista havia falecido na Índia e que seu corpo fora conduzido pelos discípulos ao cemitério. Aconselhou seu filho a voar o mais rapidamente possível para aquele local.

Tarma Dode voou para a Índia e, ao chegar ao cemitério, ejetou sua mente do corpo do pombo e ingressou no cadáver do professor. O corpo do pombo morreu em seguida e o do professor voltou à vida. Tarma Dode passou o restante de seus dias na condição de um professor indiano conhecido como Tiwu Sangnak Dongpo. Alguns anos mais tarde, Milarepa, o principal discípulo de Marpa, enviou Rechungpa, seu próprio discípulo, à Índia para receber ensinamentos especiais de Tiwu Sangnak Dongpo. Quando Rechungpa retornou ao Tibete, ofereceu a Milarepa tais instruções.

Existem muitos outros exemplos de meditadores que eram capazes de ejetar suas consciências para outros corpos. Diz-se que o próprio Marpa transferiu sua consciência para outros corpos quatro vezes durante a vida. Se corpo e mente fossem a mesma entidade, como tais meditadores poderiam transferir suas consciências desse modo? Contemplando tais histórias verídicas com uma mente positiva, compreenderemos como é possível que a consciência exista além da morte do corpo. Isso, por sua vez, facilitará a aceitação de vidas passadas e futuras.

O que é Carma?

Para entender as leis que governam os nascimentos de uma vida para outra, temos que compreender o carma. Esse termo sânscrito significa "ação". Toda ação intencional, seja ela corporal, verbal ou mental, é um carma. Quando os budistas enfrentam um sofrimento ou desventura, costumam aceitar com paciência a situação e dizer: "Isso é meu carma". Contudo, estritamente falando, esse sofrimento não é o carma propriamente dito, mas sim o efeito do carma que foi acumulado nesta vida ou em vidas passadas.

As ações corporais e verbais dependem das ações mentais, pois são sempre precedidas por uma intenção mental de agir. Sem a intenção de agir, não conseguiríamos fazer nada. Chamamos de carma mental essa intenção, ou seja, a determinação de executar uma ação. Assim, carma corporal é uma atividade física desencadeada por uma ação mental e carma verbal é uma atividade oral iniciada por uma ação mental. Isso mostra que o carma mental é mais importante do que o corporal e o verbal.

O que define uma ação como boa, má ou neutra é principalmente a intenção que a motivou. Boas ações provêm de boas intenções, más ações, de más intenções, e ações neutras, de intenções neutras. Ações boas, ou virtuosas, são a principal causa de renascimento em reinos superiores e de felicidade futura, ao passo que ações más, ou não virtuosas, são a principal causa de renascimento em reinos inferiores e de sofrimento futuro. Essa relação dependente entre

Buda Joia Luar

Buda Contemplações Significativas

Buda Joia Lua

ações e efeitos – ações virtuosas causando felicidade e ações não virtuosas causando sofrimento – é ensinada pelos Budas com base em perfeita sabedoria. Precisamos acreditar nisso, pois a convicção nas leis do carma é o fundamento de nossa felicidade futura.

Cada ação deixa uma marca gravada em nossa mente muito sutil e cada marca dará origem a seu próprio efeito. A consciência é como um campo e executar ações assemelha-se a plantar sementes nesse campo. Ações virtuosas plantam sementes de felicidade futura e ações não virtuosas, de sofrimento futuro. Todas essas sementes permanecem em estado latente até que as condições para seu amadurecimento ocorram. Então, elas produzem seus efeitos que, em alguns casos, podem se manifestar muitas vidas após a ação original.

A semente que amadurece no momento da morte é muito importante, porque define o tipo de renascimento que teremos na próxima vida. Ela será determinada pelo nosso estado mental ao morrer. Uma mente serena estimulará uma semente virtuosa e resultará num renascimento afortunado. Porém, se morrermos com uma mente agitada, por exemplo, em estado de raiva, uma semente não virtuosa será ativada e experienciaremos um renascimento desafortunado. Isso é semelhante ao modo como os pesadelos são estimulados por um estado mental agitado logo antes de dormir.

É possível renascer em seis reinos, sendo três inferiores e três superiores. Os três inferiores são o reino dos animais, dos espíritos famintos e dos seres-do-inferno. Os três superiores são o reino dos humanos, dos semideuses e dos deuses. Uma descrição mais detalhada desses reinos pode ser encontrada no livro *Novo Manual de Meditação.*

Ações virtuosas, ou carma positivo, além de serem as causas principais de renascimentos nos reinos superiores, como seres humanos ou deuses, também causam felicidade e boa fortuna em geral. Assim, se as coisas estiverem dando certo nesta vida – se tivermos boa saúde, conforto, bons relacionamentos ou sucesso em nossas atividades –, isso se deve ao amadurecimento do bom carma que criamos anteriormente. Sucesso e aquisições em nossa prática espiritual também são resultados de carma virtuoso. Inversamente, nossos sofrimentos desta vida – doenças, pobreza, conflitos, acidentes e maus tratos infligidos por humanos e não humanos – decorrem de nosso próprio carma negativo passado. Se nossos sonhos mais acalentados permanecem irrealizados e aquilo de que não gostamos surge com facilidade, se não conseguimos encontrar bons amigos ou se ao encontrá-los logo somos separados deles, isso se deve ao amadurecimento de nosso carma negativo passado. Até contrariedades menores, como interferências em nossa rotina diária ou o descontentamento que permeia nossas vidas, são consequências do carma não virtuoso acumulado em vidas anteriores.

A partir disso, fica claro que, se quisermos nos proteger do sofrimento e do perigo de renascimentos inferiores, precisamos interromper nossas ações negativas; também devemos tentar purificar toda a negatividade que acumulamos em vidas passadas. Existem dez ações não virtuosas principais que devemos evitar. Três são corporais: matar, roubar e má conduta sexual; quatro são verbais: mentir, discurso divisor, discurso ofensivo e tagarelice; e três são mentais: cobiça, maldade e sustentar visões errôneas. No livro *Caminho Alegre da Boa Fortuna* encontram-se explicações detalhadas sobre essas ações.

A melhor maneira de evitar ações negativas é praticando consideração pelos outros. Já que todos os seres, inclusive animais e insetos, desejam ser felizes e não querem experienciar sofrimento, devemos tentar nunca prejudicar um ser vivo. Matar, até o menor dos insetos, é uma ação não virtuosa, porque causa grande sofrimento. Alguém pode gostar de pescar, mas se considerar essa ação do ponto de vista do peixe, perceberá que isso é nocivo. Precisamos desenvolver compaixão por seres humanos e animais sem discriminação e tomar o maior cuidado para não causar sofrimento a nenhum ser vivo.

Toda ação não virtuosa tem três tipos de efeito: o amadurecido, o similar à causa e o ambiental. O efeito amadurecido é o nascimento num dos três reinos inferiores. Segundo a gravidade das ações, elas podem nos arremessar ou no inferno, ou no reino dos espíritos famintos, ou dos animais.

Existem dois tipos de efeito que são similares à causa: tendências e experiências similares à causa. Esses dois efeitos são repercussões adicionais de uma ação não virtuosa e surgem após o término do efeito amadurecido, quando tivermos outro renascimento em qualquer dos seis reinos.

Uma tendência similar à causa é uma forte compulsão para repetir ações não virtuosas. Por causa dela, não conseguimos parar de cometer ações negativas, criando assim novas causas para renascimentos piores no futuro. A tendência similar à ação de matar é uma propensão a matar. Por exemplo, há pessoas que ao verem uma aranha em seu quarto reagem automaticamente, esmagando-a; e certas crianças não resistem à tentação de atormentar ou torturar animais. Isso são tendências semelhantes às ações destrutivas que essas pessoas cometeram no passado. Da mesma forma, a tendência similar à ação de ter má conduta sexual é sentir-se fortemente atraído por parceiros de outras pessoas.

O segundo tipo de efeito é uma experiência similar à causa. Para exemplificá-lo, tomaremos como referência as dez ações não virtuosas. A experiência similar a matar é ter uma vida curta, cheia de doenças e enfermidades; quando matamos, abreviamos a vida de outro ser e, por isso, nossa vida será curta e a saúde, fraca. A experiência similar a roubar é a falta de riquezas e posses; além disso, quando obtemos algum recurso, somos roubados ou alguém nos pede um empréstimo e não devolve. No caso de má conduta sexual, somos rapidamente separados de amigos e familiares, nossos parceiros nos trocam por outros, empregados se demitem e sentimos solidão. Há pessoas que, embora sejam velhas e feias, estão cercadas de amigos e parceiros devotados; outras, jovens e bonitas, não conseguem encontrar um companheiro leal nem amizades duradouras. Se nesta vida estivermos enfrentando dificuldades desse tipo, podemos ter certeza de que elas são o resultado de nossas ações negativas anteriores.

A experiência similar a mentir é que ninguém confia no que dizemos, tampouco ouve nossos conselhos. O discurso divisor gera como experiência similar uma grande dificuldade de desenvolver relações harmoniosas. No caso do discurso ofensivo, os outros nos dizem coisas desagradáveis e falam mal de nós. Sempre que alguém nos ferir, falando de maneira ofensiva ou sarcástica, isso deve ser identificado como resultado de palavras ásperas que proferimos no passado. Como experiência similar à tagarelice, não somos levados a sério, passamos por loucos e ninguém liga para nossos comentários e opiniões.

A experiência similar à cobiça é que nossos desejos não são satisfeitos e não conseguimos obter aquilo que queremos. A experiência similar à maldade é uma propensão a sentir medo e pânico em situações de perigo. Finalmente, no caso de visões errôneas, a experiência é de confusão e de dificuldade em desenvolver sabedoria; além disso, ao ouvir ou ler os ensinamentos de Dharma, muitas dúvidas afloram. Se tivermos dificuldade em remover equívocos e alcançar realizações espirituais, será porque, no passado, desenvolvemos visões errôneas.

O terceiro efeito de qualquer ação negativa denomina-se ambiental. Em geral, significa que, quando conseguimos ter outro renascimento humano, ele ocorre em ambiente hostil, perigoso e desconfortável. O efeito ambiental de matar é viver num lugar pobre, onde é difícil encontrar comida e satisfazer outras necessidades básicas. O efeito ambiental de roubar é viver num local estéril, onde plantas e colheitas não vingam; e o de má conduta sexual é viver num local sujo e cheio de doenças.

O efeito ambiental de mentir é viver num lugar em que as pessoas nos logram e enganam e onde não há ninguém em quem se possa confiar. O efeito ambiental do discurso divisor é viver num lugar acidentado e montanhoso, onde há poucos meios de transporte e o povo carrega pesados fardos. Uma vez que o discurso divisor dificulta ou destrói as relações agradáveis e harmoniosas entre as pessoas, seu efeito é viver num ambiente penoso e inóspito, onde as comunicações são difíceis. O efeito ambiental do discurso ofensivo é viver cercado por densa vegetação rasteira que nos arranha e machuca quando nos movimentamos. No caso da tagarelice, é viver num lugar onde as colheitas se perdem, pois as plantas não se desenvolvem nem dão frutos na época certa.

O efeito ambiental da cobiça é viver num lugar em que os recursos materiais são rapidamente destruídos ou perdidos, ou onde nossa beleza e força física logo se degeneram. O efeito ambiental da maldade é renascer num lugar devastado por guerras e doenças, ou em permanente conflito. O efeito ambiental de sustentar visões errôneas é renascer num lugar sem água e onde os recursos rapidamente se esgotam. Nesse tipo de lugar, não há nada precioso – não há obras de arte, tesouros valiosos, escrituras sagradas, nem Guias Espirituais.

Como dizem as escrituras budistas, continuar a cometer ações não virtuosas, apesar de conhecer seus efeitos, é como marchar direto para a beira de um penhasco, apesar de ter visão perfeita! Devemos parar de cometer ações negativas e, além disso, precisamos purificar o carma negativo que acumulamos no passado. Se não purificarmos nosso carma passado, inevitavelmente teremos que sofrer seus efeitos no futuro. Porém, se praticarmos purificação, poderemos impedir que ele amadureça. Buda, movido por grande compaixão, ensinou muitos métodos de purificação. Entre eles, um dos mais poderosos é a prática do *Sutra Mahayana dos Três Montes Superiores,* que consta do Apêndice II deste livro e foi explicada em detalhes no livro *O Voto Bodhisattva.*

Buda O Imaculado

Buda Doador de Glória

Buda O Puro

Nossa Preciosa Vida Humana

Em função do carma que amadurece na hora da morte, podemos renascer em qualquer dos seis reinos. Desta vez nascemos como ser humano e, assim, temos a oportunidade de desfrutar todas as vantagens de uma vida humana. Se contemplarmos essas vantagens, perceberemos que nossa vida é muito preciosa, porque ela nos presenteia com uma oportunidade única para o desenvolvimento espiritual. Comparada à existência de um animal, em geral a vida humana proporciona muitas vantagens, como alimentos agradáveis, abrigo e estar livre de predadores. Porém, a maior vantagem de um ser humano é a oportunidade especial de desenvolver a mente e, dessa maneira, livrar-se do sofrimento e ajudar todos os outros seres a fazerem o mesmo.

A vida humana tem um potencial quase ilimitado, mas só seremos capazes de realizar esse potencial se primeiro aprendermos a apreciá-lo. É preciso refletir muitas vezes sobre a oportunidade especial que estamos tendo neste momento. Se desenvolvermos uma profunda apreciação pela preciosidade desta vida, certamente adotaremos a determinação de usá-la com sabedoria. Então, sentiremos que nossa vida tornou-se verdadeiramente significativa.

Existem 84 mil delusões distintas na mente e todas são causas de doença interior e dor mental. A doença interior nunca teve um começo e, até que abandonemos nossos estados mentais deludidos, não terá um fim. Se não superarmos, por exemplo, o apego, ele estará sempre em nossa mente, como uma sede insaciável, originando sentimentos de insatisfação e frustração. Do mesmo modo, as outras delusões, como raiva, inveja e egoísmo, causam dor mental sempre que surgem.

Apesar de sofrer dessas doenças interiores desde tempos sem início, agora temos a oportunidade de erradicá-las completamente. Buda deu 84 mil instruções distintas para curá-las e os humanos, ao contrário dos outros seres vivos, têm a oportunidade de receber tais instruções e de colocá-las em prática. Assim, confiando nos ensinamentos de Buda, podemos usar nossa vida humana para, aos poucos, reduzir e, por fim, abolir todas as delusões, bem como a dor e o sofrimento por elas originados.

Existem três maneiras de usar nossa preciosa vida humana para realizar seu potencial. Podemos usá-la para garantir que em vidas futuras renasceremos como um ser humano, com todas as condições necessárias para ter uma vida feliz e significativa; ou usá-la para obter a completa libertação do sofrimento; ou para alcançar a plena iluminação, ou Budeidade, pelo bem de todos os seres vivos.

Com uma mente humana, somos capazes de compreender a existência de vidas passadas e futuras. Tal compreensão leva-nos a pensar em interesses que ultrapassam esta curta vida e a considerar o bem-estar das vidas futuras. Somos levados a concluir que, para ter um renascimento afortunado no futuro, precisamos criar suas causas agora, nesta vida.

Como fazer isso? Criamos causas para um renascimento humano numa próxima vida por meio da prática de disciplina moral. Praticando paciência, reunimos causas para ter um corpo atraente e, praticando generosidade, para desfrutar de riquezas abundantes. Geramos causas para satisfazer nossos desejos envolvendo-nos com alegria em ações virtuosas. As causas para ter uma mente calma e serena dependem da prática de meditação e, aperfeiçoando nossa sabedoria, podemos destruir a ignorância e solucionar todos os nossos problemas interiores. Causas de boa saúde e vida longa são criadas quando protegemos a vida alheia e cuidamos dos enfermos. Para evitar nascimentos inferiores e assegurar um renascimento como um ser humano ou como um deus, devemos fazer oferendas, prostrações e preces aos Budas, *Bodhisattvas* e outros seres sagrados. Em resumo, podemos usar esta vida humana para criar as causas de todas as situações boas que queiramos experienciar no futuro.

Seres não humanos, como os animais, não têm a mesma oportunidade, por mais habilidosos que possam ser em outros domínios. Por exemplo, alguns animais são muito espertos para caçar e encontrar alimentos, outros têm grande experiência em voar, mas nenhum animal é capaz de praticar disciplina moral; eles não podem sequer gerar tal desejo. Todos os seres vivos, inclusive vermes e insetos, podem cometer ações negativas, mas só os humanos têm a oportunidade de purificá-las. Se recitarmos com fé os nomes dos 35 Budas Confessionais do *Sutra Mahayana dos Três Montes Superiores*, conseguiremos purificar rapidamente até o pior carma negativo.

Contudo, mesmo que renasçamos como um ser humano na próxima vida, não estaremos livres do sofrimento. Todos os seres vivos, nos seis reinos, vivenciam sucessivos problemas. Estão submetidos a vários tipos de dor, como nascimento, doença, envelhecimento, morte, decepção e frustração, repetidas vezes, vida após vida. Esse ciclo descontrolado de morte e renascimento, permeado pelo sofrer, é chamado de "*samsara*". Em nossa condição de seres humanos, podemos entender por que estamos presos, quais as causas que nos fazem renascer no samsara e como podemos escapar dele. Com essa compreensão, desenvolveremos o desejo de escapar do samsara e de nos libertar de uma vez por todas do sofrimento. Tal desejo denomina-se renúncia. Se, com a motivação de renúncia, nos comprometermos com as práticas espirituais de disciplina moral, concentração e sabedoria, explicadas na segunda parte deste livro, poderemos erradicar todas as nossas delusões e alcançar a completa libertação do samsara e de seus problemas.

A libertação total das delusões e do sofrimento não é, contudo, a meta máxima que podemos obter com a nossa vida humana. Se olharmos a situação dos outros, veremos que todos os seres vivos estão presos no samsara experienciando terrível sofrimento, vida após vida. Se, além disso, confiarmos nos ensinamentos mahayana de Buda, desenvolveremos grande compaixão por todos esses seres sofredores. Então, compreendendo que a única maneira de protegê-los de tais sofrimentos é desenvolver todas as habilidades e virtudes de um Buda, tomaremos a firme determinação de nos tornarmos um Buda para o benefício de todos os seres vivos. Essa mente especial denomina-se *bodhichitta*, ou mente de iluminação. Uma vez que tenhamos desenvolvido a bodhichitta, tornamo-nos um Bodhisattva e ingressamos no estilo de vida do Bodhisattva. A essência do estilo de vida do Bodhisattva é a prática das seis perfeições – as perfeições de dar, disciplina moral, paciência, esforço, estabilização mental e sabedoria. Praticando-as com sinceridade, alcançaremos a plena iluminação e nos tornaremos um Buda Conquistador. Essas perfeições estão explicadas na Parte Três deste livro.

Do mesmo modo que o príncipe Siddhartha usou sua vida humana para praticar o Dharma e alcançar a plena iluminação, também nós podemos usar nossa preciosa vida humana com o mesmo propósito. Se percebermos o imenso potencial que esta preciosa vida humana possui, nos sentiremos extremamente afortunados e estimulados a não desperdiçá-la em atividades sem sentido, mas a extrair sua essência praticando o puro Dharma.

O que é Meditação?

A MEDITAÇÃO É O coração da prática de Dharma e sua finalidade é tornar nossa mente calma e serena. Com a mente serena, livramo-nos das inquietações e do desconforto mental e sentiremos verdadeira felicidade. Porém, sem essa serenidade, acharemos muito difícil nos satisfazer, mesmo que nossas condições exteriores sejam excelentes. Se treinarmos em meditação, aos poucos nossa mente vai se acalmar e experienciaremos uma forma de felicidade cada vez mais pura. Por fim, conseguiremos permanecer contentes o tempo todo, até nas mais difíceis circunstâncias.

Em geral, achamos difícil controlar a mente. Ela é como um balão ao sabor do vento – vai de um lado para outro, soprada por circunstâncias exteriores. Se as coisas vão bem, a mente fica feliz; se vão mal, reage tornando-se infeliz. Mesmo quando estamos felizes, essa felicidade não é completa. Por exemplo, quando obtemos algo que desejamos, como novas posses, bens ou um novo parceiro, ficamos excitados e nos apegamos a isso. Porém, como não é possível obter tudo o que desejamos e como estamos condenados a ser separados de nossos amigos e posses, o apego, ou grude mental, só serve para nos causar dor. Por outro lado, quando não obtemos aquilo que desejamos ou perdemos algo de que gostamos, somos tomados por desânimo e irritação. Se formos obrigados a trabalhar com alguém que detestamos, ficaremos bravos e nos sentiremos prejudicados. Como resultado, nosso rendimento será afetado e o dia no trabalho se tornará estressante e insatisfatório.

Buda Que Transforma com Pureza

Buda Deidade Água

Buda Deus das Deidades Água

Essas oscilações de humor ocorrem porque estamos intimamente envolvidos com as situações exteriores. Parecemos uma criança que, construindo um castelo de areia, sente entusiasmo quando ele fica pronto, mas, logo a seguir, se decepciona ao vê-lo ser destruído pela maré. Treinando em meditação, criamos espaço e clareza interiores, que nos capacitam a controlar nossas mentes, quaisquer que sejam as circunstâncias exteriores. Pouco a pouco, nos tornamos capazes de substituir nossa mente desequilibrada, que oscila entre os extremos do excitamento e da decepção, por um equilíbrio mental, isto é, uma mente estabilizada que está feliz o tempo todo.

Se treinarmos em meditação de maneira sistemática, seremos capazes de erradicar as delusões, as causas de todos os problemas e sofrimentos. Desse modo, alcançaremos um estado de permanente paz interior, conhecido como libertação, ou *nirvana*. Então, dia e noite, vida após vida, vamos experienciar unicamente paz e felicidade.

Meditação é um método para familiarizar nossa mente com virtude. É uma mente que analisa ou se concentra num objeto virtuoso. Um objeto virtuoso é aquele que ao ser analisado ou contemplado nos leva a gerar uma mente serena. Se, ao contemplar um objeto, desenvolvermos mentes agitadas, como raiva ou apego, saberemos que tal objeto não é virtuoso. Além disso, existem objetos que são neutros.

Há dois tipos de meditação: a analítica e a posicionada. Fazemos meditação analítica quando, tendo ouvido ou lido uma instrução de Dharma, contemplamos seu significado. Contemplando profundamente esse ensinamento, somos levados a tirar uma conclusão definitiva ou a desenvolver um estado mental virtuoso, os quais podem ser tomados como objeto da meditação posicionada. Se nos concentrarmos de modo estritamente focado nesse objeto e permanecermos assim por bastante tempo para nos familiarizarmos profundamente com ele, estaremos praticando a medição posicionada. Em geral, a meditação analítica costuma ser chamada de "contemplação", e a posicionada, simplesmente, de "meditação". A meditação posicionada depende da meditação analítica que, por sua vez, depende de ouvir, ou de ler, as instruções de Dharma.

A primeira etapa da meditação consiste em interromper as distrações e tornar a mente mais clara e lúcida. Isso pode ser obtido com uma simples meditação respiratória. Escolhemos um lugar tranquilo e nos sentamos, quer na postura tradicional, com as pernas cruzadas, quer em outra posição que nos pareça confortável; podemos até nos sentar numa cadeira. O mais importante é mantermos as costas eretas para impedir que a mente se torne indolente ou sonolenta.

Conservamos os olhos parcialmente fechados e dirigimos nossa atenção para a respiração. Respiramos normalmente, de preferência pelo nariz, e procuramos, sem intervir em seu ritmo, sentir a sensação do ar entrando e saindo pelas narinas. Essa sensação deve ser tomada como nosso objeto de meditação. Concentramo-nos nela, excluindo todo o resto.

No início, nossa mente vai estar muito ocupada e talvez tenhamos a impressão de que a meditação piorou ainda mais esse estado. Na realidade, estamos apenas tomando consciência do quanto nossa mente é agitada. Grande será a tentação de seguir os diferentes pensamentos que surgem; contudo, devemos resistir e permanecer totalmente concentrados na sensação da respiração. Se notarmos que nos desviamos e estamos seguindo outros pensamentos, devemos retomar imediatamente nosso objeto. Faremos isso até que a mente se estabilize nele.

Se praticarmos pacientemente dessa maneira, nossos pensamentos distrativos vão aos poucos se acalmar e teremos uma sensação de paz interior e descontração. Nossa mente se tornará lúcida e espaçosa e nos sentiremos renovados. Quando o mar está agitado, os sedimentos são revolvidos e a água se turva; mas basta o vento abrandar para que o limo, aos poucos, assente e a água volte a ficar clara. Do mesmo modo, quando nos concentramos na respiração e o incessante fluxo de pensamentos distrativos é abrandado, nossa mente torna-se muito lúcida e clara. Devemos permanecer nesse estado de "calmaria mental" durante algum tempo.

Embora a meditação respiratória seja apenas uma etapa preliminar da meditação, ela pode ser muito poderosa. A partir dessa experiência, podemos ver que um simples controle mental basta para sentirmos paz interior e satisfação, independentemente das condições exteriores. Quando a turbulência dos pensamentos distrativos diminui e a mente fica parada, uma profunda felicidade e contentamento brotam naturalmente em nós. Essa sensação de contentamento e bem-estar ajuda-nos a lidar com as tarefas e dificuldades da vida diária. Grande parte de nosso estresse e tensão provêm de nossa própria mente e muitos dos problemas que enfrentamos, inclusive os de saúde, são causados ou agravados por esse estresse. Uma simples meditação respiratória, feita todos os dias durante dez ou quinze minutos, poderá reduzi-lo. Vamos experienciar uma mente calma e espaçosa e muitos de nossos problemas corriqueiros vão desaparecer. Conseguiremos lidar melhor com situações difíceis e, naturalmente, nos sentiremos mais calorosos e positivos com as outras pessoas, melhorando assim nossas relações.

Devemos treinar essa meditação preliminar até obtermos alguma experiência dela. Porém, para ter paz interior permanente e estável e nos livrarmos por completo dos problemas e sofrimentos, não devemos nos contentar com essa simples meditação respiratória. É preciso avançar para práticas mais profundas, como o ciclo das 21 meditações explicadas no livro *Novo Manual de Meditação*. Começamos acalmando nossa mente com a meditação respiratória e, então, passamos para as meditações analítica e posicionada.

Buda Excelência Gloriosa

Buda Sândalo Glorioso

Buda Esplendor Infinito

Morte

Todos sabemos que cedo ou tarde vamos morrer; entretanto, para a maioria de nós, isso não passa de uma consciência superficial. No íntimo, achamos que nossa morte não acontecerá agora, mas num futuro longínquo. Gravada em nossa mente está a constante e tácita assunção: "não vou morrer hoje". Até no próprio dia de nossa morte, supondo que não vamos morrer, é provável que estejamos a traçar planos para o dia seguinte! Vivemos a vida como se fôssemos continuar neste mundo para sempre; assim sendo, dedicamos praticamente todo o nosso tempo aos afazeres materiais e pensamos muito pouco sobre o que nos acontecerá depois da morte.

Nossa preocupação com as atividades triviais e mundanas leva-nos a desperdiçar nossa preciosa vida humana. Em vez de usá-la para conquistar uma das três grandes metas mencionadas anteriormente, empregamos a vida apenas para obter comida, roupas e abrigo, adquirir posses, entregar-nos ao sexo e a outros prazeres superficiais, ou para obter promoções e elevado *status* social. Nesse particular, não nos diferenciamos dos animais, que vasculham o lixo à cata de comida, constroem abrigos, geram filhotes, protegem seus territórios e lutam pela supremacia dentro do rebanho, ou bando.

Uma vida humana como a nossa é extremamente rara e difícil de ser obtida; logo, quão trágico seria desperdiçá-la vivendo como um animal em vez de nos servir dela para progredir espiritualmente! A melhor maneira de evitar tamanho desperdício é meditar sobre a morte para nos conscientizarmos plenamente de nossa impermanência.

A meditação sobre a morte visa nos familiarizar com três pensamentos:

1. Certamente vou morrer;
2. A hora da minha morte é totalmente incerta;
3. Na hora da minha morte e depois dela só a prática do Dharma vai me ajudar.

Precisamos refletir sobre esses pensamentos em meditação analítica muitas e muitas vezes até que tenhamos desenvolvido uma experiência profunda. Dessa maneira, eles irão causar um forte impacto sobre nosso estilo de vida. Para nos familiarizarmos com o primeiro ponto, contemplamos três argumentos:

1. Certamente vou morrer, pois não há nada capaz de impedir que meu corpo se deteriore;
2. Dia a dia, momento a momento, minha vida está se esvaindo;
3. Minha morte virá de qualquer maneira, tenha ou não conseguido tempo para praticar o Dharma.

Contemplando esses argumentos, chegamos a uma clara conclusão: "Certamente vou morrer". Então, meditamos nessa conclusão em meditação posicionada. A seguir, contemplamos os seguintes pontos:

1. Não tenho ideia sobre quando vou morrer. Posso ser jovem e saudável, mas isso não significa que não morrerei logo. Muitos jovens morrem antes que seus pais. Não há certezas neste mundo;
2. Existem muitas causas de morte prematura. Por exemplo, pessoas fortes e saudáveis morrem em consequência de acidentes inesperados;

3. Este corpo humano é extremamente frágil e pode ser facilmente destruído até pelo menor dos objetos.

Contemplando esses pontos, compreendemos que a hora da nossa morte é totalmente incerta e que não há garantias de que não morreremos hoje. Quando estivermos convencidos disso, devemos repetir mentalmente várias vezes: "Pode ser que eu morra hoje, pode ser que eu morra hoje". Concentramo-nos, então, na sensação que isso evoca.

A seguir, consideramos os seguintes pontos:

1. Na hora da minha morte, minhas riquezas e posses em nada me beneficiarão;
2. Na hora da minha morte, meus familiares e amigos não serão capazes de me ajudar;
3. Na hora da minha morte, nem meu próprio corpo terá alguma serventia.

A contemplação desses pontos nos permite compreender que na hora da morte e depois dela só a prática de Dharma poderá nos ajudar. Meditamos sobre essa conclusão.

Finalmente, encerramos nossas reflexões tomando três resoluções:

Vou praticar o Dharma.
Vou praticar o Dharma agora.
Vou praticar o Dharma puramente.

Então, meditamos longamente sobre essas resoluções sem nos distrairmos, pelo tempo que for possível. Devemos colocar essas resoluções em prática e incorporá-las em nossa vida diária. Fazendo isso, nos protegeremos dos perigos de um renascimento inferior, obteremos a cessação permanente de todo o sofrimento e conquistaremos a plena iluminação.

O Estilo de Vida Budista

Embora tenhamos renascido como ser humano nesta vida, isso não é uma garantia de que seremos sempre humanos. Enquanto não purificarmos por completo nossa mente, é bem possível que tenhamos renascimentos como animais, espíritos famintos ou seres-do-inferno. Confiar sinceramente em Buda, Dharma e *Sangha* é o método para nos protegermos contra tais renascimentos inferiores e outros perigos.

Buda, Dharma e Sangha são chamados de "Três Joias", porque são muito preciosos. Se percebermos o perigo que nos ameaça, gerarmos plena confiança no poder de proteção das Três Joias e tomarmos a sincera determinação de confiar nelas pelo resto da vida, ingressaremos no caminho budista e nos tornaremos um budista. Teremos, então, a grande oportunidade de obter todas as realizações espirituais budistas, desde confiar em um Guia Espiritual até o Caminho do Não-Mais-Aprender, ou Budeidade.

Podemos ver, desse modo, que o refúgio nas Três Joias possui duas causas principais: a compreensão de que estamos em perigo e a convicção no poder das Três Joias de nos proteger desse perigo. Para desenvolver a primeira causa, precisamos nos convencer de que estamos sujeitos a nascer como animal, espírito faminto ou um ser-do-inferno. Fazemos isso considerando que, ao morrer, a mente terá que deixar este corpo, sua morada temporária, e encontrar outro, qual um pássaro que voa de ninho em ninho. Nossa mente não tem liberdade para permanecer onde está, tampouco pode escolher sua destinação. Somos soprados para o lugar do próximo renascimento pelos ventos do carma. Se o carma que amadurecer em nossa morte for negativo, certamente teremos um renascimento inferior. Um carma negativo muito pesado nos faz renascer no inferno; carma negativo menos pesado nos faz renascer como espírito faminto; e carma negativo mais leve, como animal.

É muito fácil cometer carma negativo pesado. Por exemplo, ao esmagar um mosquito com raiva, criamos causas para renascer no inferno. Nesta vida e em nossas incontáveis vidas anteriores, cometemos muitas ações negativas graves. A não ser que as tenhamos purificado com a prática de sincera confissão, suas potencialidades ainda estão em nosso continuum mental; logo, qualquer dessas potencialidades negativas pode amadurecer na hora de nossa morte. Tendo isso em mente, pensamos:

> *Se eu morrer hoje, onde estarei amanhã? É muito provável que seja no reino animal, entre os espíritos famintos ou no inferno. Se hoje alguém me chamasse de vaca estúpida, o insulto me pareceria intolerável; mas o que farei se realmente me tornar uma vaca, um porco ou um peixe?*

Devemos contemplar isso até gerar um intenso medo de renascer nos reinos inferiores. Esse medo é a primeira causa fundamental do refúgio nas Três Joias. Outros argumentos que demonstram a possibilidade de um renascimento nos reinos inferiores podem ser encontrados no livro *Caminho Alegre da Boa Fortuna*.

Para gerar a segunda causa central de refúgio – a convicção de que Buda, Dharma e Sangha têm plenos poderes para proteger os seres vivos de renascimentos inferiores –, devemos contemplar que o Dharma é o verdadeiro refúgio. O Dharma, conforme dissemos, são os ensinamentos de Buda e a nossa própria experiência interior que temos desses ensinamentos. É o nosso Dharma, ou seja, nossas realizações interiores, que nos protege diretamente de renascer nos reinos inferiores. Como? As causas de um renascimento inferior são as ações negativas que cometemos sob a influência de delusões.

Praticando os ensinamentos de Buda, vamos nos familiarizar com estados mentais especiais e virtuosos, que são os opostos diretos dessas delusões. Conforme nossas mentes virtuosas se fortalecerem, as delusões naturalmente se enfraquecerão. Por exemplo, ao reforçar a experiência de amor, o nosso ódio diminuirá; aumentando a capacidade de regozijo, a nossa inveja diminuirá e assim por diante. Com o enfraquecimento de nossas mentes negativas, deixaremos de cometer o carma negativo causador de renascimento nos reinos inferiores. É assim que a nossa experiência interior do Dharma nos protege dos perigos de um renascimento inferior.

Se treinarmos nas práticas budistas mais avançadas apresentadas nos capítulos finais deste livro, particularmente na sabedoria que realiza a vacuidade, obteremos uma experiência direta da verdade última, a vacuidade, e conseguiremos erradicar todas as nossas delusões. Quando estivermos completamente livres das delusões, nos libertaremos para sempre do sofrimento.

Se o Dharma é o refúgio efetivo, Buda é a fonte de todo refúgio. Ele é o Guia Espiritual supremo, que nos mostra como obter as realizações de Dharma e mantém nossa prática viva, concedendo-nos bênçãos. A Sangha são os amigos espirituais supremos, que sustentam nossa prática de Dharma, nos oferecem condições conducentes para praticar, nos encorajam e dão um bom exemplo a ser seguido. Só as Três Joias têm a capacidade de proteger todos os seres vivos do sofrimento.

Contemplando atentamente esses pontos, vamos gerar a forte convicção de que Buda, Dharma e Sangha têm plenos poderes para proteger os seres vivos de um renascimento inferior e de todo medo e sofrimento. Essa convicção é a segunda causa central de refúgio. Com essas duas causas firmemente estabelecidas em nossa consciência, devemos rezar todos os dias para as Três Joias, recitando a seguinte prece de refúgio:

Todos os Budas, Bodhisattvas e seres sagrados,
Por favor, protegei-nos, a mim e a todos os seres vivos,
Dos inúmeros sofrimentos, medos e perigos do samsara.
Por favor, concedei vossas bênçãos sobre nossos corpos e mentes.

Nessa prece, o termo "Budas" refere-se à Joia Buda e os termos "Bodhisattvas e seres sagrados", à Joia Sangha, a assembleia de seres superiores que já realizaram diretamente a verdade última. Ao recitar essa prece, imaginamos que Buda Shakyamuni está à nossa frente, vivo, rodeado por todos os Budas e Bodhisattvas, como a lua cheia rodeada pelas estrelas. Geramos a firme convicção de que todos esses seres sagrados estão realmente diante de nós e desenvolvemos intensa fé neles.

Quando, concentrados no significado das palavras, pedimos que nos protejam e dizemos "a mim", estamos nos familiarizando com a mente de renúncia – o desejo de nos libertar dos inúmeros sofrimentos, medos e perigos do samsara; quando dizemos "e a todos os seres vivos", estamos nos familiarizando com a grande compaixão – o desejo de libertar todos os seres vivos dos sofrimentos, medos e perigos do samsara. Ao recitar o último verso, pedimos que os Budas, Bodhisattvas e demais seres sagrados nos abençoem, de modo que as realizações de renúncia e grande compaixão cresçam em nós. Tais realizações são Joias Dharma.

Em resumo, ao recitar essa estrofe e contemplar seu significado, estamos estabelecendo em nossa mente as Joias Dharma especiais das realizações de renúncia e de grande compaixão; isso se faz por meio das bênçãos da Joia Buda e da Joia Sangha. Esse é o real significado de buscar refúgio nas Três Joias. Se conseguirmos nos lembrar dessa prece no momento da nossa morte, seremos, sem dúvida alguma, salvos de um renascimento nos reinos inferiores.

O alicerce do estilo de vida budista é buscar refúgio nas Três Joias todos os dias, do fundo do nosso coração, e manter puramente os doze compromissos de refúgio. Estes compromissos estão explicados no Apêndice I. O sentido essencial destes compromissos é que devemos ter uma fé plena e confiança total nas Três Joias e viver de acordo com as leis do carma – abandonando ações não virtuosas, como matar e roubar, e praticando ações virtuosas, como manter uma mente compassiva tanto por seres humanos como por animais. Quem deseja seguir o caminho budista precisa se familiarizar inteiramente com esses doze compromissos.

PARTE DOIS:

O Caminho à Libertação

Buda Luz Gloriosa

Buda O Glorioso Sem Pesar

Buda Filho Sem Ânsia

O que é Libertação?

Libertação é um estado de permanente paz interior, alcançado por meio do completo abandono das delusões. Treinando nos caminhos que conduzem à libertação, nossa mente vai se livrar por completo das delusões e, quando isso acontecer, sua natureza última se transformará em libertação, ou nirvana. A partir desse momento, estaremos livres do samsara e de todos os seus sofrimentos e nos tornaremos um Destruidor de Inimigos, alguém que aniquilou seus inimigos interiores – o apego, o ódio e a ignorância do agarramento ao em-si.

Como foi mencionado, 49 dias depois de ter realizado a iluminação, Buda foi solicitado pelos deuses Brahma e Indra a girar a Roda do Dharma. O primeiro ensinamento que ele transmitiu foi o *Sutra das Quatro Nobres Verdades*, no qual explicou os verdadeiros sofrimentos, as verdadeiras origens, as verdadeiras cessações e os verdadeiros caminhos. Um renascimento *samsárico*, como o que tivemos nesta vida, é chamado de "verdadeiro sofrimento" porque é a base para todos os demais sofrimentos e delusões. As delusões e as ações que elas motivam recebem o nome de "verdadeiras origens" porque constituem a origem de todos os sofrimentos. A libertação é denominada "verdadeira cessação" por ser uma cessação permanente das delusões e dos sofrimentos. Finalmente, os caminhos que conduzem à libertação são chamados de "verdadeiros caminhos" porque, seguindo-os, conquistaremos verdadeiras cessações. Buda disse:

Deves conhecer os sofrimentos.
Deves abandonar as origens.
Deves alcançar as cessações.
Deves meditar sobre os caminhos.

Isso significa que, primeiro, devemos compreender que a natureza do renascimento samsárico é sofrimento e desenvolver renúncia por ele. Depois, precisamos abandonar as delusões e as ações negativas, que são as origens do renascimento samsárico e de todos os seus sofrimentos. Então, devemos tornar nossa vida humana significativa conquistando a libertação, que é uma cessação permanente do sofrimento. Para alcançá-la, temos que praticar os caminhos que conduzem à libertação.

As Quatro Nobres Verdades podem ser compreendidas e praticadas em diferentes níveis. Elas incluem, direta ou indiretamente, todas as práticas de Dharma. Um exemplo de como começar a prática das Quatro Nobres Verdades é refletir sobre os sofrimentos causados pela raiva. A raiva destrói nossa paz mental e a paz do mundo. Esteve na origem das duas guerras mundiais e é a causa principal de todos os conflitos que hoje devastam nosso planeta. Numa escala menor, a raiva destrói nossas relações pessoais, nossa reputação e a harmonia no interior de famílias e comunidades. A maior parte das brigas e dificuldades que temos com nossos familiares, amigos e colegas deve-se à raiva.

A raiz de toda a nossa felicidade futura é o potencial cármico virtuoso que trazemos em nosso continuum mental, ou seja, a energia positiva produzida pelas ações virtuosas que executamos no passado. A raiva destrói essas potencialidades, privando-nos, assim, de colher os efeitos positivos gerados por nossas ações virtuosas. Além disso, por nos levar a cometer pesadas ações negativas, a raiva pode nos arremessar nos tormentos do inferno, em vidas futuras. Nada nos prejudica mais do que a raiva.

Reconhecendo que os sofrimentos provocados pela raiva são horríveis e desnecessários, devemos gerar renúncia por eles e, depois, esforçar-nos para abandonar sua causa, a mente de raiva. Fazemos isso por meio da prática de paciência. Dessa maneira, obteremos uma cessação da raiva. Os sofrimentos causados pela raiva são verdadeiros sofrimentos, a raiva é uma verdadeira origem, a prática de paciência é uma prática de verdadeiros caminhos e a cessação permanente da raiva é uma verdadeira cessação. Podemos aplicar esses mesmos princípios em relação aos sofrimentos causados pelo apego e pela ignorância.

Mais detalhes sobre as quatro nobres verdades e como superar a raiva podem ser encontrados nos livros *Como Solucionar Nossos Problemas Humanos* e *Como Entender a Mente.*

Buda Flor Gloriosa

Buda Que Conhece Claramente através do Deleite da Radiância Pura

Buda Que Conhece Claramente através do Deleite da Radiância do Lótus

Desenvolver Renúncia

Se tivermos nascido no samsara, mesmo que seja no mais elevado reino dos deuses, nunca estaremos livres do sofrimento. O reino humano não é uma exceção. Basta olhar à nossa volta, abrir um jornal ou assistir à televisão para constatar o dramático sofrimento experienciado pelos seres humanos.

Além disso, renascimentos afortunados como deuses ou humanos não perduram mais do que por uma curta temporada. Depois dessas férias, temos que descer novamente para os reinos inferiores, onde a dor é violenta e se prolonga por períodos extremamente longos. Experienciamos sofrimento porque estamos no samsara. Pensando profundamente sobre isso, perceberemos que, se quisermos obter verdadeira liberdade e felicidade, só há uma saída – escapar do samsara.

Escapar do samsara significa cortar sua raiz, ou seja, erradicar o agarramento ao em-si de nosso continuum mental. Isso só pode ser feito com o treino em sabedoria superior, que depende do treino em concentração superior, que, por sua vez, depende do treino em disciplina moral superior. Esses três treinos são chamados "treinos superiores" porque são motivados por renúncia. Assim, o primeiro passo para fugir do samsara é cultivar renúncia.

Desenvolveremos renúncia contemplando as inúmeras falhas e sofrimentos do samsara. Podemos nos perguntar qual é a necessidade de pensar sobre sofrimentos como nascimento, doença, envelhecimento e morte, se já passamos pelo primeiro e não há nada a ser feito para evitar os demais. O motivo é que, se meditarmos sobre esses sofrimentos, perceberemos que o sofrimento é a natureza essencial da existência samsárica e que, enquanto não escaparmos do samsara, teremos que experienciar as mesmas dores, vida após vida. Essa compreensão nos fará sentir um forte desejo de escapar do samsara abandonando sua causa, o agarramento ao em-si. Esse desejo é a renúncia.

Apresentamos a seguir sete contemplações sobre os sofrimentos do samsara. Não é preciso fazer todas elas em cada sessão de meditação. Devemos priorizar as que tiverem maior impacto sobre nós, ajudando-nos a gerar renúncia. Quando um forte sentimento de renúncia surgir em nossa mente, devemos interromper a análise e nos concentrar totalmente nesse sentimento, pelo tempo que for possível.

Ao fazer essas sete contemplações, pensamos nos sofrimentos vividos no reino humano, mas devemos ter em mente que os sofrimentos dos outros reinos são, em geral, muito piores.

NASCIMENTO

Passamos os nove primeiros meses de vida apertados dentro do útero materno. No começo, devido ao rápido crescimento de nossos membros, é como se estivéssemos sendo esticados com instrumentos de tortura. Nos últimos meses de gravidez, sentimo-nos como se estivéssemos espremidos dentro de um pequeno tanque cheio de água suja.

Somos extremamente sensíveis a tudo o que nossa mãe faz. Por exemplo, quando ela corre, nosso corpo frágil é fortemente sacudido e, quando ela bebe algo quente, temos a sensação de que despejaram água fervente em nossa pele. Durante todo esse período, estamos totalmente sozinhos. Nossa mãe ignora nosso medo e sofrimento, mas, ainda que os conhecesse, seria impotente para nos ajudar.

Finalmente saímos do útero. Nascer é como ser empurrado através de uma estreita fenda entre duas rochas para um mundo agressivo e estranho. Não entendemos o que está acontecendo e não lembramos nada do que sabíamos em nossa vida anterior. É como se fôssemos cegos, surdos e mudos. Nossa pele é tão delicada que até os tecidos mais macios são percebidos como ásperos e abrasivos. Quando temos fome, não podemos dizer "preciso comer" e, quando sentimos dor, somos incapazes de nos expressar com palavras. Os únicos sinais que emitimos são lágrimas quentes e gestos furiosos. Estamos totalmente indefesos e temos que aprender a fazer tudo – comer, sentar, andar e falar.

ENVELHECIMENTO

À medida que envelhecemos, a nossa vitalidade juvenil diminui. Nosso corpo torna-se vergado, feio e cheio de doenças. A visão enfraquece e a audição começa a falhar. Já não extraímos o mesmo prazer de coisas que antes achávamos agradáveis, como comida, bebida e sexo. Estamos debilitados para praticar esportes e sem energia para participar de jogos e diversões. Enquanto somos jovens, podemos viajar pelo mundo, mas com a idade, mal chegamos ao nosso portão. Além de não conseguirmos participar da maioria das atividades sociais, temos que reduzir nossas práticas espirituais. Por exemplo, torna-se difícil fazer prostrações ou viajar para receber ensinamentos. Com a memória desgastada e a concentração enfraquecida, temos mais dificuldades para obter realizações quando meditamos; até nos manter acordados pode ser difícil! Nosso intelecto é bem menos aguçado do que nos tempos de juventude e custamos mais a entender os assuntos que estudamos.

Incapazes de exercer nossa profissão e de ajudar os outros da maneira que gostaríamos, passamos a nos sentir inúteis à sociedade e perdemos o autorrespeito. Frequentemente, somos negligenciados pelos próprios filhos e presenciamos, impotentes, a doença e a morte de nossos amigos e contemporâneos. A solidão se aprofunda. Quem não praticou o Dharma quando era jovem e tinha oportunidade está arriscado a passar os poucos anos que lhe restam com um crescente medo de morrer e profundo arrependimento por sua vida desperdiçada.

DOENÇA

Escapar de doenças é praticamente impossível para quem nasceu na condição de um ser humano. Quando caímos doentes, nossa situação se assemelha à de um pássaro que está voando nas alturas e é subitamente abatido. Ao ser atingido, ele despenca como um pedaço de chumbo e toda a sua glória e poder são imediatamente destruídos. Até uma doença moderada pode nos incapacitar. Impossibilita-nos de apreciar nossos pratos e bebidas favoritos, de praticar esportes ou qualquer outra atividade mais vigorosa. Se a doença for grave, talvez tenhamos que nos submeter a operações dolorosas e arriscadas. Caso elas fracassem, seremos informados que os médicos não podem fazer mais nada por nós e que nos resta pouco tempo. Nesse momento, quem não usou a vida para praticar o Dharma provavelmente sentirá medo e arrependimento.

Jovens na flor da idade podem ser afetados por doenças degenerativas incuráveis. Vivem por muitos anos, condenados a contemplar sua lenta deterioração. Ao perceberem que seus mais acalentados sonhos e esperanças nunca se concretizarão, talvez sintam o desejo de morrer mais rapidamente. Vendo a enfermidade alheia, devemos nos lembrar de que o mesmo pode nos acontecer! Enquanto estivermos no samsara, nunca estaremos livres da ameaça da doença.

MORTE

Se tivermos trabalhado arduamente para acumular riquezas e estivermos muito apegados a elas, vamos sofrer imensamente quando a morte nos obrigar a abandonar todos os nossos bens. Atualmente, achamos penoso até emprestar um objeto de estima, que dirá nos separar dele para sempre. É fácil imaginar a imensa dor que vamos sentir ao perceber que, nas mãos da morte, teremos que deixar tudo o que possuímos.

A morte nos afasta até dos amigos mais íntimos. Somos forçados a deixar nosso companheiro querido, ainda que tenhamos passado a vida juntos, sem um único dia de separação. Quanto mais apego pelos amigos, maior será nossa angústia, mas o máximo que poderemos fazer é segurar suas mãos. Seremos totalmente incapazes de deter o processo da morte, mesmo que eles nos implorem para não morrer. Hoje, o apego nos faz sentir ciúme quando alguém querido nos deixa e sai com outra pessoa durante algumas horas; na morte, isso será para sempre. Quem tem filhos será separado de suas crianças. Seremos afastados de nossos amigos espirituais e de todas as pessoas que nos ajudaram durante esta vida.

Ao morrer, teremos que deixar para trás este corpo que temos apreciado e do qual temos cuidado das mais variadas maneiras. Ele vai se tornar insensível como uma pedra e será cremado ou enterrado. Se não tivermos praticado o Dharma e cultivado ações virtuosas, vamos morrer sentindo medo e desespero, além de dor física.

TER QUE NOS SEPARAR DAQUILO DE QUE GOSTAMOS

Frequentemente somos obrigados a enfrentar separações temporárias de muitas pessoas e objetos que apreciamos. Podemos ser forçados a deixar o país, onde vivem nossos amigos e familiares; talvez percamos um bom emprego ou a própria reputação. Em diversas ocasiões, sofremos a dor de nos separar de quem gostamos, de perder coisas que achamos prazerosas e atraentes. Porém, na hora da morte, essa separação será definitiva, para sempre.

TER QUE ENFRENTAR AQUILO DE QUE NÃO GOSTAMOS

São muitas as situações de que não gostamos. Com frequência somos forçados a viver ou a trabalhar com pessoas desagradáveis, como aquelas que nos criticam sem motivos ou atrapalham a realização de nossos desejos. Podemos nos ver em situações de grande perigo, como num incêndio ou terremoto, ou frente a um ladrão ou estuprador. Se nosso país entrar em guerra, seremos convocados e, se nos recusarmos a lutar, poderemos ser presos. Nossos lares correm o risco de serem bombardeados e nossos familiares, mortos.

A vida está repleta de situações que, embora sejam menos extremas, ainda assim nos acarretam dificuldades. Chove nas férias, mas, na volta ao trabalho, o calor é asfixiante. Falimos, somos demitidos ou gastamos todas as nossas economias. Brigamos com nosso parceiro, os filhos nos causam preocupações e os velhos amigos, sem mais nem menos, se voltam contra nós.

Qualquer que seja nossa atividade, há sempre algo indo mal. Os obstáculos não poupam nem mesmo nossa prática de Dharma. Quando sentamos para meditar, somos distraídos por um barulho, o telefone toca ou chega uma visita. Apesar de vários anos de treino, há momentos em que nossas delusões parecem estar mais fortes do que nunca. Tentamos praticar consideração pelos outros, mas nossos familiares e amigos sentem-se incomodados com nossa prática de Dharma. É como se estivéssemos vivendo dentro de um arbusto de espinhos – sempre que nos mexemos em busca de uma posição mais confortável, os espinhos penetram mais fundo na nossa carne. No samsara, contrariedade e frustração são o estado natural das coisas.

NÃO CONSEGUIR SATISFAZER NOSSOS DESEJOS

Nossos desejos são incontáveis. Entre eles, muitos nunca serão atendidos e outros, quando o forem, não trarão a alegria almejada. Grande parte das pessoas não consegue satisfazer sequer suas necessidades vitais, como ter comida, roupas, um alojamento adequado, amizades, um emprego razoável ou alguma independência pessoal. Infelizmente, mesmo se obtivermos tudo isso, nossos desejos não vão parar por aí. Logo ansiaremos por um carro ou uma casa mais luxuosa, um emprego mais bem remunerado e assim por diante. No passado, simples férias na praia eram suficientes, mas nossas expectativas crescem sem parar e, agora, almejamos por custosas férias no exterior.

Ambição e competitividade são causas conhecidas de insatisfação. Um estudante ambicioso não sossega enquanto não conseguir o primeiro lugar da classe e um homem de negócios não descansa enquanto não enriquecer. Obviamente, nem todo mundo pode chegar ao topo. Para que uns vençam, outros têm de perder. Ademais, nem mesmo os vencedores permanecem satisfeitos por muito tempo; a ambição fará com que queiram sempre mais e eles vão lutar até ficarem exauridos, serem derrotados ou mortos.

Outra razão da incapacidade de satisfazer todos os nossos desejos é que, frequentemente, eles são contraditórios. Por exemplo, queremos, ao mesmo tempo, sucesso mundano e vida simples, fama e privacidade, comidas suculentas e silhueta esbelta, aventura e segurança. Exigimos que tudo seja feito à nossa moda e, ainda assim, esperamos ser populares. Almejamos realizações de Dharma e, ao mesmo tempo, fama e riquezas materiais. Com frequência nossos desejos envolvem outras pessoas, criando complicações; muitas relações são rompidas por causa de expectativas e desejos irrealistas.

Buscamos perfeição – a sociedade perfeita, o lar perfeito, o par perfeito – mas, no samsara, não há perfeição. O samsara promete muito, mas nunca oferece real satisfação. Objetos impuros e transitórios são incapazes de proporcionar a alegria duradoura que buscamos. Só existe uma maneira de obter essa alegria: purificar por completo nossa mente. A ignorância é a causa fundamental do samsara, mas os desejos mundanos são o combustível que o perpetuam; logo, precisamos reduzir nossos desejos mundanos, reconhecendo suas falhas.

Contemplando esses sete tipos de sofrimento, chegaremos à seguinte conclusão:

Já experienciei repetidamente esses sofrimentos no passado e, se não obter a libertação, terei que passar por tudo isso novamente, muitas vezes, no futuro. Portanto, preciso escapar do samsara.

Quando esse pensamento surgir com clareza e precisão, meditamos sobre ele pelo maior tempo possível.

Se repetirmos essa meditação muitas vezes, o desejo de obter a libertação do samsara surgirá espontaneamente, dia e noite. Teremos, então, obtido a realização de renúncia e ingressado no caminho efetivo à libertação. Toda ação motivada por renúncia é uma causa para alcançar a libertação.

Com alguma experiência em renúncia, podemos transformar nossas atividades diárias em caminho à libertação. Para tanto, temos que manter a intenção de beneficiar os outros e dedicar mentalmente a virtude de nossas ações para que nós e eles nos libertemos do samsara. Quando as circunstâncias forem penosas ou virmos outras pessoas em dificuldades, devemos nos recordar das desvantagens do samsara. Se tudo estiver bem, ao invés de nos enganar, devemos nos lembrar de que os prazeres do samsara são efêmeros e nos aprisionam quando nos apegamos a eles. Dessa maneira, usaremos todas as nossas experiências diárias para fortalecer a determinação de fugir do samsara e alcançar a libertação.

Os Três Treinos Superiores

Os caminhos efetivos capazes de nos libertar do samsara são os três treinos superiores: disciplina moral superior, concentração superior e sabedoria superior. Eles são chamados de treinos "superiores" porque são praticados com a motivação de renúncia.

Para alcançar a libertação, precisamos abandonar o agarramento ao em-si, a raiz do samsara, por meio de uma sabedoria especial que realiza diretamente a vacuidade, ou ausência do em-si (*selflessness*). Essa aquisição depende de conquistarmos o "tranquilo-permanecer", um tipo especial de concentração que, por sua vez, depende do treino em disciplina moral pura. A prática de disciplina moral nos ajuda a serenar nossas distrações, os principais obstáculos à concentração do tranquilo-permanecer. O tranquilo-permanecer torna nossa mente estável, lúcida e poderosa; e a sabedoria de realizar a vacuidade se contrapõe diretamente à ignorância do agarramento ao em-si. Portanto, se praticarmos disciplina moral, concentração e sabedoria com a motivação de renúncia, certamente conseguiremos destruir nosso agarramento ao em-si e alcançar a libertação do samsara.

O TREINO EM DISCIPLINA MORAL SUPERIOR

Em geral, disciplina moral é uma determinação mental virtuosa de abandonar alguma falha. Também pode ser uma ação corporal ou verbal motivada por essa determinação. Praticamos disciplina

Buda Riqueza Gloriosa

Buda Contínua-Lembrança Gloriosa

Buda Nome Glorioso de Grande Renome

moral sempre que colocamos essa determinação em prática. Se a nossa prática de disciplina moral não for motivada por renúncia, ela resultará em renascimentos elevados dentro do samsara, quer como seres humanos, quer como deuses. Porém, se a prática de disciplina moral for motivada por renúncia, ela nos conduzirá à libertação do samsara. Essa é razão pela qual a disciplina moral, quando praticada com a motivação de renúncia, é chamada de "disciplina moral superior". A disciplina moral superior é um caminho efetivo à libertação. As práticas puras dos votos de ordenação e dos votos bodhisattva e tântricos estão, todas elas, incluídas neste treino e são caminhos à libertação.

O TREINO EM CONCENTRAÇÃO SUPERIOR

A natureza de uma mente de pura concentração é estar posicionada de modo estritamente focado num objeto virtuoso e sua função é impedir distrações. Quando praticada com a motivação de renúncia, ela se torna uma concentração superior e um caminho efetivo à libertação. Sempre que praticamos meditação com a motivação de renúncia, estamos treinando em concentração superior.

Existem muitos níveis de concentração. Para obtermos uma realização direta da vacuidade, a natureza última da realidade, precisamos da concentração do tranquilo-permanecer. Essa concentração possui um tipo especial de maleabilidade, que é adquirida durante o treino nas "nove permanências mentais". Com o tranquilo-permanecer, nossa mente se torna muito estável, clara e poderosa e isso nos ajuda a conquistar as realizações de Dharma. Uma explicação detalhada sobre como alcançar o tranquilo-permanecer pode ser encontrada no livro *Caminho Alegre da Boa Fortuna*.

O TREINO EM SABEDORIA SUPERIOR

Sabedoria é uma mente virtuosa, cuja função principal é afastar dúvidas e confusões mediante a plena compreensão de seu objeto.

Entre os diversos tipos de sabedoria, a que realiza a vacuidade, a natureza última dos fenômenos, é a suprema. Sempre que meditamos sobre a vacuidade com motivação de renúncia, estamos treinando em sabedoria superior. Com esse treino, nossa mente poderá se livrar de todas as delusões, inclusive da ignorância do agarramento ao em-si, e alcançaremos a libertação do samsara.

Alguém que pratique esses três treinos superiores estará "mantendo o Budadharma por meio de realização". Existem duas maneiras de manter o Budadharma: por meio de escritura e por meio de realização. Mantemos o Budadharma por meio de escritura quando ouvimos, lemos ou estudamos os ensinamentos de Dharma; e o mantemos por meio de realização quando colocamos essas instruções em prática e obtemos realizações.

PARTE TRÊS:

O Caminho à Iluminação

Buda Rei do Estandarte da Vitória,
Líder dos Poderosos

Buda O Glorioso
Completo Subjugador

Buda Grande
Vencedor na Batalha

Tornar-se um Bodhisattva

Como foi anteriormente explicado, a maneira mais significativa de usarmos a nossa preciosa vida humana é obter a libertação do sofrimento não apenas para nós mesmos, mas conquistar a grande iluminação, ou Budeidade, para o benefício de todos os seres vivos. Para realizar essa nobre meta, temos que confiar nos ensinamentos mahayana de Buda. Primeiro, devemos gerar a motivação especial da bodhichitta e, depois, adotar o estilo de vida de um Bodhisattva, empenhando-nos na prática das seis perfeições. Quando tivermos completado esse treino, nos tornaremos um ser iluminado, um Buda.

A bodhichitta é uma mente primária que, motivada por grande compaixão, deseja conquistar a plena iluminação para o benefício de todos os seres vivos. Essa mente especial não surge de modo natural, mas deve ser cultivada em meditação durante um longo período. Por fim, pela força da familiaridade, ela se tornará espontânea e surgirá sem esforço, dia e noite. Então, teremos nos tornado um Bodhisattva, um ser a caminho da iluminação.

Se treinarmos a bodhichitta e adotarmos o estilo de vida de um Bodhisattva, nossa mente se emancipará tanto das delusões como das marcas que tais delusões deixam gravadas nela. As delusões recebem o nome de "obstruções à libertação" porque nos mantêm no samsara; suas marcas são denominadas "obstruções à onisciência" porque nos impedem de obter um conhecimento simultâneo e direto de todos os fenômenos. Quando estivermos totalmente livres das duas obstruções, a natureza última de nossa mente irá se tornar uma plena iluminação – uma grande libertação ou grande nirvana. Então, alcançaremos o estado de um Buda Conquistador.

A raiz da bodhichitta é a grande compaixão, um tipo de compaixão imparcial que deseja proteger todos os seres vivos, sem exceção, do sofrimento. Só desenvolveremos grande compaixão se primeiro gerarmos amor afetuoso por todos os seres vivos. O amor afetuoso nos aproxima dos outros e nos faz gostar deles. Quando amamos os seres, naturalmente sentimos compaixão ao tomar conhecimento de seus sofrimentos. Portanto, para nos tornarmos um Bodhisattva, precisamos primeiro desenvolver amor afetuoso por todos os seres vivos e, então, gerar grande compaixão e bodhichitta.

AMOR AFETUOSO

Buda ensinou que, para gerar amor afetuoso por todos os seres vivos, devemos aprender a reconhecê-los como nossas mães e refletir sobre sua bondade. Para tanto, alguns argumentos especiais devem ser contemplados. Considerando que é impossível encontrar um início para nosso continuum mental, segue-se que já tivemos incontáveis renascimentos no passado. Se isso for verdade, segue-se que também tivemos, necessariamente, incontáveis mães. Onde estão todas essas mães agora? Quem são elas? São todos os seres vivos.

Seria incorreto argumentar que as mães de vidas anteriores deixaram de ser nossas mães só porque cuidaram de nós há muito tempo. Se nossa mãe atual viesse a falecer hoje, cessaria ela de ser nossa mãe? Certamente não. Continuaríamos a considerá-la como tal e a rezar por sua felicidade. O mesmo vale para todas as mães anteriores – elas já morreram e, contudo, ainda são nossas mães. O fato de não conseguirmos nos reconhecer deve-se apenas a mudanças em nossa aparência exterior.

Na vida diária, mantemos contato com diversos seres vivos, humanos e não humanos. Encaramos alguns como amigos, outros como inimigos e a maioria como estranhos. Tais distinções são feitas por nossas mentes equivocadas; não são constatadas por mentes válidas. Em consequência das inúmeras relações cármicas que mantivemos no passado, alguns seres vivos agora nos aparecem como sendo atraentes, outros, repulsivos e outros, nem particularmente atraentes ou repulsivos. Tendemos a concordar com essas aparências de maneira inquestionável, como se de fato fossem verdadeiras. Acreditamos que as pessoas são intrinsecamente agradáveis ou desagradáveis, de acordo com a percepção que temos delas. Essa maneira de pensar é obviamente incorreta. Se as pessoas que achamos atraentes fossem intrinsecamente agradáveis, ao encontrá-las todos achariam o mesmo; por outro lado, se as pessoas que achamos repulsivas fossem intrinsecamente desagradáveis, ao encontrá-las todos teriam a mesma impressão. Sabemos que isso não é verídico. Assim, em vez de seguir tais mentes equivocadas, é melhor considerarmos todas as criaturas como nossas mães. Sempre que encontrarmos alguém, devemos pensar: "Você é minha mãe". Assim, nos sentiremos igualmente amorosos em relação a todos os seres.

Se considerarmos todos como nossas mães, será fácil desenvolver amor e compaixão puros, nossas relações cotidianas se tornarão mais genuínas e estáveis e naturalmente evitaremos ações negativas, como matar ou prejudicar os outros. Uma vez que considerar os seres vivos como nossas mães é tão vantajoso, devemos adotar essa maneira de pensar sem a menor hesitação.

Depois de nos convencermos de que os seres vivos são nossas mães, devemos contemplar a bondade de todos eles. Quando fomos concebidos, nossa mãe poderia ter feito um aborto, caso não nos quisesse em seu útero. Se tivesse agido assim, hoje não teríamos esta vida humana com todas as suas vantagens. Por bondade, ela nos deixou ficar em seu ventre e a ela devemos a vida. Não fosse por seus constantes cuidados quando éramos bebês, certamente teríamos sofrido algum acidente e hoje estaríamos paralisados ou cegos. Felizmente ela não nos negligenciou. Dia e noite, cobriu-nos de cuidados amorosos, considerando-nos mais importantes do que ela própria. Salvou nossa vida muitas vezes por dia. À noite, não se importava que seu sono fosse interrompido e, durante o dia, abria mão de seus programas habituais. Teve que abandonar seu emprego e, enquanto os amigos saíam para se divertir, ficava em casa cuidando de nós. Gastou todo o seu dinheiro para nos oferecer a melhor alimentação e as melhores roupas. Ensinou-nos a comer, a andar e a falar. Pensando em nosso bem-estar futuro, esforçou-se para nos garantir uma boa educação e, graças à sua bondade, somos capazes de estudar qualquer assunto que nos interesse. Em grande parte, também lhe devemos a oportunidade que estamos tendo de praticar o Dharma e de alcançar a iluminação.

Visto que não existe nenhum ser que não tenha sido nossa mãe em alguma de nossas vidas passadas e, quando éramos pequenos, todos eles nos trataram tão bem quanto a mãe desta vida, devemos então concluir que todos os seres vivos são muito bondosos.

A bondade deles não se limita às ocasiões em que foram nossas mães. O tempo todo, nossas necessidades cotidianas são atendidas graças à bondade dos outros. Nada trouxemos da vida anterior; no entanto, assim que nascemos recebemos casa, comida, roupas e outras coisas necessárias – tudo pela bondade dos outros. Aquilo que desfrutamos hoje nos foi provido pela generosidade de outros seres, quer do passado, quer do presente.

Podemos nos beneficiar de muitos serviços, sem esforço algum de nossa parte. Se observarmos facilidades como estradas, carros, trens, aviões, navios, restaurantes, hotéis, bibliotecas, hospitais e lojas, ficará claro que muita gente teve que trabalhar arduamente para criar tudo isso. Todos esses benefícios estão a nosso dispor, apesar de não termos contribuído em nada para sua existência. Isso mostra a grande bondade dos outros.

Nossa educação, tanto a formal quanto a espiritual, é ministrada pelos outros. Todas as nossas realizações de Dharma – desde os primeiros *insights* até as metas mais elevadas, como conquistar a libertação e a iluminação – só poderão ser alcançadas na dependência da bondade alheia.

Se reconhecermos que os seres vivos são nossas mães e refletirmos sobre sua bondade, desenvolveremos amor afetuoso por todos eles, sem diferenciação. Certa vez, uma mulher perguntou ao grande professor tibetano Geshe Potowa: "O que é amor afetuoso?". Ele respondeu: "O que sentes ao ver teu filho? Ficas encantada e, a ti, ele parece muito agradável. Quando considerarmos todos os seres da mesma maneira, sentindo-os próximos e gostando deles, teremos desenvolvido amor afetuoso".

Talvez nossa mãe não seja particularmente bonita ou elegante, mas nosso afeto por ela nos faz olhá-la sob esse prisma favorável. Nós a amamos e, ao notar que está sofrendo, sentimos compaixão. Amor afetuoso é a capacidade de estender esse olhar carinhoso a todos os seres vivos. Sentindo amor afetuoso, é impossível gerar inveja ou raiva. As qualidades e a bondade das pessoas prevalecem sobre seus defeitos e conseguimos vê-las como uma mãe amorosa vê seus filhos. A consciência da bondade alheia nos faz desenvolver um coração terno, levando-nos, naturalmente, a apreciar os outros.

GRANDE COMPAIXÃO

Grande compaixão é um desejo espontâneo de libertar todos os seres vivos dos sofrimentos do samsara. Se, tendo gerado amor afetuoso, contemplarmos que os seres estão presos no samsara, experienciando um problema depois do outro, facilmente desenvolveremos compaixão. Podemos nos lembrar dos sete tipos de sofrimento explicados anteriormente na meditação de gerar renúncia pelo samsara – desde o sofrimento do nascimento até o de não conseguir satisfazer nossos desejos – e pensar que todos os seres vivos estão submetidos a essas dores. Perceberemos assim que todos estão sofrendo imensamente. Devemos contemplar todas essas dores e sofrimentos dos outros até que um forte sentimento de compaixão por todos os seres vivos surja em nosso coração. Então, meditamos sobre esse sentimento sem distrações.

BODHICHITTA

Quando tivermos desenvolvido grande compaixão por todos, devemos pensar:

> *Quero libertar todos os seres vivos do samsara; mas como farei isso? Enquanto eu continuar na mesma situação que eles, não poderei ajudá-los. Não consigo solucionar sequer meus problemas, imagine os problemas de todos os seres! Só um Buda tem a capacidade de proteger todas as criaturas e conceder-lhes felicidade incontaminada. Portanto, para satisfazer meu desejo de libertar todos os seres do sofrimento, vou me tornar um Buda.*

Meditamos repetidas vezes sobre esse pensamento, até que ele surja espontaneamente, dia e noite. Quando isso ocorrer, teremos desenvolvido a verdadeira realização da bodhichitta e seremos um Bodhisattva, um filho, ou filha, de todos os Budas. Desejar tornar-se um Buda para o benefício de todos os seres vivos é o que se denomina "bodhichitta aspirativa". Se, tendo feito isso, prometermos sinceramente nos dedicar ao estilo de vida do Bodhisattva, praticando as seis perfeições, a bodhichitta aspirativa se transformará na bodhichitta de compromisso.

O Estilo de Vida do Bodhisattva

Adotamos o estilo de vida de um Bodhisattva quando começamos a praticar as perfeições de dar, disciplina moral, paciência, esforço, estabilização mental e sabedoria. Essas seis perfeições são o caminho efetivo que conduz à Budeidade. Desejar alcançar a iluminação sem praticar as seis perfeições é como querer viajar, mas nunca se pôr a caminho. Os Bodhisattvas têm duas tarefas principais: beneficiar os outros desde já e realizar a plena iluminação para serem capazes de beneficiar todos os seres vivos no futuro. Essas duas tarefas são realizadas por meio da prática das seis perfeições.

PERFEIÇÃO DE DAR

Dar é uma intenção mental virtuosa de praticar generosidade. Também pode ser uma ação corporal ou verbal de generosidade, motivada por um estado mental virtuoso. Quando a prática de dar for inspirada pela bodhichitta, torna-se uma perfeição de dar. Existem três tipos de dar:

1. Dar coisas materiais;
2. Dar Dharma;
3. Dar destemor.

Buda O Glorioso Completo
Subjugador que Passou Além

Buda Hoste Gloriosa
que Tudo Ilumina

Buda Joia Lótus
Grande Subjugador

Dar coisas materiais

Para praticar a generosidade de dar coisas materiais, devemos primeiro contemplar as desvantagens da avareza e os benefícios de dar e, depois, passar à prática efetiva. Buda ensina no *Sutra Perfeição de Sabedoria Condensado* que a avareza conduz a estados de pobreza e a nascimentos no reino dos espíritos famintos. Mesmo nesta vida a avareza nos faz sofrer; é uma mente estreita e desconfortável que resulta em isolamento e impopularidade. A ação de dar, ao contrário, é uma mente alegre que nos fará experienciar riquezas e recursos abundantes no futuro.

Não faz o menor sentido nos agarrarmos às nossas posses, pois riquezas só têm significado quando são oferecidas ou usadas para beneficiar os outros. Visto que na hora da morte teremos que nos separar de nossas posses sem escolha, é melhor fazer isso agora e, assim, extrair algum benefício delas. Além do mais, se na hora da nossa morte tivermos um forte apego pelas nossas posses, esse apego nos impedirá de termos uma morte serena e poderá nos impedir, inclusive, de termos um renascimento afortunado.

Quando saímos em férias, preocupamo-nos em levar todo o dinheiro de que vamos precisar até o final da viagem. Quão mais importante é garantir que viajaremos para as vidas futuras com virtudes ou méritos suficientes para satisfazer nossas necessidades. A generosidade é nosso melhor seguro contra pobreza no futuro.

Contudo, embora prestar ajuda material seja importante, no que se refere a abrir mão de nossas posses, devemos escolher o momento adequado; ou seja, quando isso não causar impedimentos à nossa prática espiritual ou colocar em risco nossa vida. Também é preciso que o favorecido possa extrair grande benefício dessa doação; do contrário, ela não deverá ser feita, mesmo que seja solicitada. Por exemplo, se estiver claro que um presente pode prejudicar alguém, não devemos ofertá-lo. É preciso avaliar todas as implicações da ação, considerando inclusive como ela afetará outras pessoas além da beneficiária. Outro ponto a ser observado é a importância de conservarmos o que for necessário à nossa prática de Dharma. Uma vez que desejamos alcançar a iluminação para o benefício dos outros, se nos desfizermos de coisas essenciais à prática de Dharma estaremos indiretamente prejudicando os outros, pois tal ação criará obstáculos ao nosso progresso rumo à iluminação.

Mentalmente, dedicamos todas as nossas riquezas aos outros, mas só efetuamos a doação quando isso for o melhor a ser feito. Esse modo habilidoso de pensar é, por si só, um tipo de doação. Por exemplo, instituições de caridade não repassam imediatamente tudo o que arrecadam, mas conservam uma certa quantia como reserva para situações de necessidade. Embora retenham o dinheiro, não consideram que isso seja sua propriedade. Sabem que estão apenas guardando os recursos até que surja o momento oportuno de repassá-los aos outros. Se considerarmos nossas posses da mesma maneira, estaremos praticando o dar o tempo inteiro.

A quantidade de mérito que acumulamos com a prática de dar depende de diversos fatores, além do valor efetivo da doação. Um deles é a natureza do beneficiário. É especialmente meritório doar para três tipos de pessoas: seres sagrados, como nosso Guia Espiritual, Budas e Bodhisattvas; seres que foram bondosos conosco, como nossos pais; e seres necessitados, como pessoas doentes, deficientes e pobres. Outro fator importante é nossa motivação. É mais meritório dar migalhas a um pássaro por pura compaixão do que dar um anel de brilhantes a alguém por apego. A melhor motivação, certamente, é a bodhichitta. A virtude que criamos ao dar com essa motivação é ilimitada.

Dar Dharma

Existem muitas maneiras de dar Dharma. Ensinar uma única palavra de Dharma com boa motivação basta para configurar esse tipo de doação. Fazer isso é mais benéfico do que oferecer qualquer presente material, pois coisas materiais só nos auxiliam nesta vida, ao passo que o Dharma nos presta socorro nesta e em todas as vidas futuras. Há outras maneiras de dar Dharma, como, por exemplo, dedicando nossas virtudes para que todos os seres vivos desfrutem de paz e felicidade ou sussurrando mantras no ouvido dos animais.

Dar destemor

Dar destemor significa proteger os seres vivos contra o medo e o perigo. Alguns exemplos dessa categoria de dar são: salvar vítimas de incêndios ou de outras catástrofes, proteger pessoas ameaçadas por violência física e salvar animais que estão se afogando ou foram capturados. Mesmo se não pudermos salvar os que estão em perigo, estaremos praticando a ação de dar destemor se fizermos preces e oferendas com essa intenção. Outra possibilidade é rezar para que os seres vivos se libertem de suas delusões, especialmente da delusão do agarramento ao em-si – a fonte principal de todo medo.

PERFEIÇÃO DE DISCIPLINA MORAL

Disciplina moral é uma determinação mental virtuosa de abandonar qualquer falha. Também pode ser uma ação verbal ou física, motivada por essa determinação. Quando praticada com a motivação de bodhichitta, a disciplina moral torna-se uma perfeição. Existem três tipos de disciplina moral:

1. Disciplina moral de abstenção;
2. Disciplina moral de reunir Dharmas virtuosos;
3. Disciplina moral de beneficiar os seres vivos.

Disciplina moral de abstenção

Consiste em se abster de não-virtudes. Para praticar essa disciplina moral, precisamos entender o perigo de cometer ações negativas, fazer a promessa ou o voto de abandoná-las e cumprir esse compromisso. Deixar, simplesmente, de cometer ações negativas involuntariamente não é uma prática de disciplina moral, porque não é motivada pela determinação de se abster.

Qualquer disciplina espiritual que nos impeça de cometer ações negativas de corpo, fala e mente será uma prática de disciplina moral de abstenção; por exemplo, se entendermos os perigos das dez ações não virtuosas, prometermos nos abster delas e cumprirmos a promessa, estaremos praticando esse tipo de disciplina interior.

Podemos tomar votos por conta própria. Para isso, devemos reconhecer as falhas das ações que queremos abandonar e prometer evitá-las por um prazo considerado viável. Mesmo se prometermos nos abster de uma única ação negativa, por um curto período – por exemplo, não matar durante uma semana – e cumprirmos essa promessa, estaremos praticando a disciplina moral de abstenção. Contudo, conforme nossa capacidade aumentar, devemos gradualmente prolongar o prazo de abstenção e prometer abandonar outras ações não virtuosas. Quando estivermos preparados, solicitaremos votos especiais a um Guia Espiritual, como, por exemplo, os votos de refúgio, ordenação, bodhisattva e tântricos. Os votos, ou compromissos, de refúgio são explicados no Apêndice I deste livro e os votos bodhisattva, no livro *O Voto Bodhisattva*.

Para praticar disciplina moral, precisamos nos apoiar em contínua-lembrança, vigilância e conscienciosidade. A contínua-lembrança nos impede de esquecer nossos votos, a vigilância nos permite inspecionar a mente e a conscienciosidade age para protegê-la das não-virtudes. Por exemplo, numa festa animada, estamos sujeitos a quebrar o voto bodhisattva de abster-se de louvar a si próprio e de desprezar os outros. Porém, praticando contínua-lembrança não correremos tal risco, pois não nos esqueceremos de nossa promessa. Mantendo vigilância, conseguiremos detectar imediatamente o surgimento de delusões, como orgulho ou inveja; então, usando o fator mental conscienciosidade, poderemos controlar seu desenvolvimento.

Quando tomamos os votos bodhisattva precisamos ter a intenção de mantê-los continuamente até alcançar a iluminação. Se quisermos satisfazer o nosso desejo de realizar rapidamente a iluminação para o benefício dos outros, precisamos superar nossas falhas o mais rapidamente possível. Para um Bodhisattva, o principal objeto a ser abandonado é a intenção de trabalhar somente para o seu próprio benefício. Os Bodhisattvas identificam claramente os perigos do autoapreço, o pensamento de ver a si mesmos como supremamente importantes, e compreendem que esse é o principal obstáculo ao desenvolvimento da bodhichitta e à conquista da iluminação. No *Sutra Perfeição de Sabedoria Condensado*, Buda diz que a disciplina moral de um Bodhisattva não se degenera quando ele ou ela se deleita com belas formas, sons, guloseimas ou outros objetos dos sentidos; mas, se um Bodhisattva desenvolver interesse pelo seu próprio bem-estar, sua disciplina moral e sua bodhichitta se degeneram. Se, depois de gerar a bodhichitta, acharmos melhor cuidar somente de nossa própria libertação, estaremos quebrando um voto raiz e quebrando nossa disciplina moral de abstenção.

As ações motivadas pela mente de bodhichitta nunca serão não virtuosas, pois essa mente elimina o autoapreço, que, por sua vez, é a raiz de qualquer ação negativa. Mesmo que um Bodhisattva chegue ao extremo de matar, isso não será uma ação não virtuosa, pois ela terá sido praticada unicamente para o benefício de todos os seres. Os Bodhisattvas podem ser incompreendidos e condenados pelos outros, mas a bodhichitta garante a pureza de todas as suas ações e eles nunca incorrem em carma negativo.

Para ilustrar esse ponto, conta-se um episódio que aconteceu numa das vidas anteriores de Buda Shakyamuni, quando ele era um Bodhisattva. Nessa época, ele era o capitão de um navio que transportava quinhentos mercadores numa viagem especial. Através da sua clarividência, ele viu que um dos mercadores estava planejando matar todos os outros. Ciente de que, em consequência disso, esse mercador renasceria no inferno, ele gerou grande compaixão, tanto pelo assassino como por suas vítimas. Decidiu, então, salvar os quinhentos mercadores e tomar sobre si o carma de matar. Desse modo, com a motivação de bodhichitta, ele matou o mercador assassino. Assim, ele protegeu o próprio mercador de renascer no inferno e salvou a vida de todos os demais. A ação de matar do Bodhisattva navegador representou um grande avanço em seu caminho espiritual.

Disciplina moral de reunir Dharmas virtuosos

Essa disciplina abrange diversas ações virtuosas, tais como manter os votos bodhisattva puramente, praticar as seis perfeições e fazer oferendas às Três Joias. Empenhar-se no estudo do sagrado Dharma, meditar sobre ele ou divulgá-lo também são partes da disciplina moral de reunir Dharmas virtuosos.

Disciplina moral de beneficiar os seres vivos

É a disciplina de ajudar os outros de todas as maneiras que estiverem ao nosso alcance. Se não pudermos oferecer-lhes ajuda prática, pelo menos, poderemos rezar por eles e manter a intenção de sempre assisti-los quando houver oportunidade. Entenderemos melhor como praticar essa disciplina moral se estudarmos as últimas onze quedas secundárias dos votos bodhisattva, explicadas no livro *O Voto Bodhisattva*.

Ao ajudar os outros, devemos agir com tato e sensibilidade, tentando entender suas experiências e pontos de vista. Só então poderemos oferecer uma ajuda que seja relevante e, ao mesmo tempo, aceitável. Dificilmente auxiliaremos alguém se atacarmos seus valores e crenças ou ignorarmos seu temperamento e circunstâncias pessoais. Temos que adaptar nosso comportamento, ajustando-o ao da outra pessoa e fazendo-a se sentir à vontade. Em vez de impor nossos valores morais aos outros ou julgá-los caso não concordem conosco, devemos optar pela atuação que trouxer resultados mais positivos. Nossa mente e comportamento devem ser flexíveis.

Os Bodhisattvas possuem grande compaixão e por isso procuram sempre ajudar as outras pessoas. Não poupam esforços para agradá-las, pois uma pessoa feliz torna-se mais aberta e receptiva para receber conselhos espirituais e seguir bons exemplos. Se quisermos influenciar os outros, não devemos contrariá-los nem causar-lhes qualquer tipo de medo ou constrangimento.

Uma passagem da vida do grande mestre tibetano Geshe Langri Tangpa ilustra o tato e a sensibilidade que os Bodhisattvas possuem quando ajudam os outros. Certa vez, uma mulher deu à luz uma menina e, como já havia perdido um filho pequeno, temeu que a mesma desgraça se repetisse. Falou sobre isso com sua mãe e ficou sabendo que Geshe Langri Tangpa era capaz de salvar crianças postas sob sua guarda. Algum tempo mais tarde, a criança adoeceu e a mãe resolveu procurá-lo. Ao chegar em seu monastério, encontrou-o dando ensinamentos a centenas de discípulos e temeu que o bebê morresse antes do final do discurso. Sabendo que Geshe Langri Tangpa era um Bodhisattva e seria paciente, a mulher atravessou a sala até o trono e gritou em tom de afronta: "Eis a tua filha. Toma conta dela!". A seguir, dirigiu-se ao público: "Ele é o pai da minha filha". Então, aproximou-se do Geshe e rogou-lhe baixinho: "Por favor, não permitas que ela morra". Geshe Langri Tangpa inclinou ligeiramente a cabeça em sinal de aquiescência. Como se fosse o pai, envolveu ternamente a criança em seu manto e prosseguiu o discurso.

Os discípulos, estarrecidos, perguntaram: "És realmente o pai dessa criança?". Sabendo que, caso negasse, a mulher passaria por louca e seria ridicularizada, Geshe Langri Tangpa respondeu que sim. Embora fosse um monge, ele agiu como um verdadeiro pai; alegrou-se e cuidou da menina. Passado algum tempo, a mãe voltou. Vendo a filha saudável, pediu para reavê-la. Carinhosamente, o mestre devolveu a criança à mãe. Diante dos fatos, os discípulos perguntaram: "Então não és o pai?". Sempre calmo e sereno, ele respondeu: "Não, não sou". Desse modo, Geshe Langri Tangpa atendeu às necessidades da mulher com pura compaixão e agiu de acordo com as necessidades da situação.

PERFEIÇÃO DE PACIÊNCIA

Paciência é uma mente virtuosa capaz de resistir à dor, ao sofrimento ou ao estudo do Dharma profundo. Quando praticada com a motivação de bodhichitta, a paciência converte-se em perfeição.

Precisamos cultivar essa virtude mesmo que não tenhamos nenhum interesse pelo desenvolvimento espiritual, porque, sem paciência, ficamos expostos à ansiedade e frustração e dificilmente conseguimos ter relacionamentos harmoniosos.

Paciência é o oponente da raiva, a mais poderosa destruidora de virtudes. Vemos, por experiência pessoal, quanto sofrimento nasce da raiva. Ela nos impede de avaliar corretamente uma situação, levando-nos a agir de modo lamentável. Destrói nossa paz mental e perturba todos os que estão ao nosso redor. Até os que normalmente gostam de nós se afastam ao nos verem enraivecidos. A raiva nos faz rejeitar ou insultar nossos pais e, quando intensa, pode nos levar ao extremo de matar um ente querido ou de atentar contra a própria vida.

Em geral, a raiva é desencadeada por coisas insignificantes, tais como levar a mal uma crítica, achar um hábito irritante ou não suportar a frustração de expectativas. Com base nisso, a mente de raiva urde uma elaborada fantasia, exagerando os aspectos desagradáveis da situação e fornecendo racionalizações e justificativas para sentimentos de decepção, ultraje ou mágoa. Então, proferimos injúrias e cometemos ações ruins, que ofendem os outros e transformam uma pequena dificuldade num grande problema.

Se alguém nos perguntasse "quem causou todas as guerras em que tanta gente morreu?", deveríamos responder que todas elas foram deflagradas por mentes raivosas. Se as nações fossem povoadas por indivíduos calmos e amantes da paz, como haveria guerras? A raiva é o maior inimigo dos seres vivos. Prejudicou-nos no passado, prejudica-nos agora e, se não for superada pela prática da paciência, vai continuar a nos prejudicar no futuro. Como disse Shantideva:

Esta inimiga, a raiva, não tem outra função
Além de me prejudicar.

Inimigos exteriores nos prejudicam de maneiras mais lentas e menos sutis e, se formos pacientes com eles, é possível transformá-los em amigos. Porém, no que se refere à raiva, não há possibilidade de conciliação. Se formos brandos com essa delusão, ela se aproveitará disso para nos lesar ainda mais. Também devemos considerar que o prejuízo causado por nossos inimigos só pode nos afetar nesta vida, mas a raiva é capaz de nos prejudicar durante muitas vidas futuras. Portanto, devemos eliminá-la logo que notarmos seu surgimento; caso contrário, ela se converterá rapidamente num terrível incêndio, capaz de consumir todo o nosso mérito.

A paciência, por outro lado, nos ajuda nesta e em todas as nossas vidas futuras. De acordo com as palavras do grande mestre Shantideva:

Não existe mal maior que a raiva
Nem virtude maior que a paciência.

Com paciência, é possível aceitar as dores que nos são infligidas e suportar aborrecimentos e transtornos comuns. Nada perturba nossa paz mental e não experienciamos problemas. Mantemos a paz interior e a tranquilidade que tornam possível o crescimento de realizações espirituais. Chandrakirti diz que, se praticarmos paciência, teremos uma aparência bonita no futuro e nos tornaremos um ser sagrado com elevadas realizações.

Existem três tipos de paciência:

1. Paciência de não retaliar;
2. Paciência de voluntariamente suportar o sofrimento;
3. Paciência de pensar definitivamente sobre o Dharma.

Paciência de não retaliar

Para praticar esse tipo de paciência, devemos sempre nos lembrar dos perigos da raiva e dos benefícios da aceitação paciente e, logo que a raiva surgir, aplicar imediatamente os métodos para eliminá-la. No início, devemos aprender a suportar dificuldades menores como um insulto ou interferências em nossa rotina. Depois, poderemos aperfeiçoar nossa paciência, até sermos capazes de tolerar graves dificuldades sem sentir raiva.

Ao meditar sobre paciência, podemos recorrer a vários raciocínios que nos ajudam a superar a tendência a retaliar. Por exemplo, quando alguém nos bate com uma vara, não ficamos bravos com a vara, porque ela está sendo empunhada pelas mãos do agressor e não tem vontade própria. Igualmente, quando formos insultados ou prejudicados, não devemos ficar com raiva do agressor, pois ele está sendo manipulado por sua mente deludida e também não tem escolha. Assim como um médico não fica bravo se um paciente febril o insulta, tampouco devemos nos enfurecer quando os seres vivos, sofrendo pela doença das delusões, nos prejudicam. Podemos encontrar muitos argumentos desse tipo nos livros *Caminho Alegre da Boa Fortuna*, *Contemplações Significativas* e *Como Solucionar Nossos Problemas Humanos.*

Se hoje estamos sendo prejudicados é porque no passado prejudicamos outros seres; essa é a razão fundamental. Aqueles que hoje nos atacam são meras condições, por meio das quais nosso carma amadurece; a verdadeira causa do problema está em nossa negatividade. Sendo assim, ao retaliar apenas criamos mais carma negativo; um carma que, no futuro, nos fará sofrer ainda mais. Se, ao contrário, aceitarmos pacientemente a ofensa, quebraremos a corrente e saldaremos esse débito cármico específico.

Paciência de voluntariamente suportar o sofrimento

Se não tivermos esse tipo de paciência, desanimaremos sempre que encontrarmos obstáculos e sempre que nossos desejos forem frustrados. Será difícil concluir nossas tarefas, pois desejaremos abandoná-las assim que surgir alguma complicação, e a impaciência agravará ainda mais nosso sofrimento. Ao contrário, se cultivarmos a paciência de voluntariamente suportar sofrimentos, poderemos reduzir nosso infortúnio. Sabemos que, por um bom motivo, é perfeitamente possível aceitar e tolerar a dor. Por exemplo, a dor de ser espetado por uma agulha é insuportável; mas, se soubermos que ela contém uma vacina, nosso grau de tolerância aumentará consideravelmente.

A obtenção de sucesso em simples objetivos mundanos pressupõe o preparo para tolerar adversidades. Homens de negócios estão dispostos a sacrificar seu lazer e paz mental só para ganhar dinheiro; e soldados se submetem a situações de extremo rigor apenas para matar seus adversários. Visto que nossa meta é obter a iluminação para beneficiar todos os seres vivos, quão maior deve ser nossa disposição de suportar dificuldades!

Porque estamos no samsara, frequentemente somos obrigados a sofrer condições desagradáveis e infortúnios. Contudo, com a paciência de voluntariamente tolerar sofrimento, podemos aceitar essas adversidades com alegria e coragem. Quando nossos desejos não forem satisfeitos, quando ficarmos doentes, tristes ou enfrentarmos dificuldades, não devemos desanimar. Em vez de autopiedade, é melhor usar o sofrimento para fortalecer nossa prática espiritual. Podemos lembrar que o sofrimento sempre é resultado de nosso carma negativo passado e tomar a decisão de, no futuro, praticar disciplina moral pura; ou contemplar que, no samsara, sofrer é inevitável e, pensando assim, aumentar nosso desejo de escapar do samsara. Também é possível usar nosso sofrimento como uma amostra da imensa dor alheia e, contemplando isso, fortalecer nossa compaixão.

Quem for capaz de suportar adversidades colherá imensas recompensas. Além de atenuar seus sofrimentos, realizará todos os seus desejos, os temporários e os últimos. Desse modo, o sofrimento não deve ser visto como um obstáculo à prática espiritual, mas sim como uma ajuda indispensável a ela. Conforme disse Shantideva:

> Ademais, sofrimento tem boas qualidades.
> Por causa da dor, o orgulho é aplacado,
> Surge compaixão por aqueles que estão presos no samsara,
> O mal é evitado e a alegria é encontrada em virtude.

Paciência de pensar definitivamente sobre o Dharma

Se ouvirmos, contemplarmos ou meditarmos no Dharma com uma mente paciente e alegre, com o objetivo de obter uma experiência especial de Dharma, estaremos praticando a paciência de pensar definitivamente sobre o Dharma. Ela é muito importante, porque praticar com mentes impacientes ou infelizes impede o aperfeiçoamento de nossa saboedoria. Mesmo que alguns aspectos da prática de Dharma nos pareçam difíceis, ainda assim devemos praticá-los com uma mente feliz.

PERFEIÇÃO DE ESFORÇO

Esforço é uma mente que se deleita em virtude e, quando praticado com a motivação de bodhichitta, converte-se numa perfeição. Esforço não é uma prática isolada, mas algo que deve acompanhar todas as nossas atividades virtuosas. Praticamos esforço sempre que nos dedicamos com entusiasmo ao estudo do Dharma, tentamos meditar e adquirir realizações ou empenhamo-nos em ajudar os outros. Entretanto, entregar-se energicamente a ações não virtuosas ou neutras não é uma prática de esforço.

Com esforço, obtemos felicidade mundana e supramundana – ele nos capacita a completar tanto as ações virtuosas causadoras de nascimento nos reinos afortunados do samsara, como aquelas que conduzem à libertação e à iluminação. Aplicando esforço, purificamos negatividades e obtemos todas as qualidades almejadas, mas, sem ele, não conseguimos completar nossas práticas espirituais, ainda que nossa sabedoria seja aguçada.

Para gerar esforço, precisamos superar os três tipos de preguiça: da procrastinação, da atração por coisas sem sentido ou não virtuosas e do desânimo. A preguiça da procrastinação é uma relutância ou má vontade de investir esforço imediato na prática espiritual. Por exemplo, o Dharma nos interessa muito e temos a intenção de praticá-lo, mas achamos que a prática pode ser adiada para depois das férias, para quando as crianças tiverem crescido ou para depois da aposentadoria. Essa atitude é perigosa, pois a oportunidade de praticar o Dharma pode ser facilmente perdida. A morte pode nos atacar a qualquer momento. Além disso, quando tivermos concluído uma tarefa que nos impedia de praticar, certamente uma outra terá surgido em seu lugar. Atividades mundanas são como barba de homem – embora feita pela manhã, à tarde já terá crescido. Portanto, devemos abandonar a preguiça da procrastinação e começar a praticar o Dharma imediatamente. O melhor remédio para combater essa preguiça é meditar sobre nossa preciosa vida humana e sobre morte e impermanência.

Em geral, estamos muito familiarizados com o segundo tipo de preguiça – sentir atração por coisas sem sentido ou não virtuosas. Incorremos nela sempre que assistimos à televisão horas a fio sem prestar atenção ao que estamos vendo, quando alimentamos prolongadas conversas insignificantes ou nos envolvemos em esportes ou negócios arriscados. Tais atividades consomem nossa energia de praticar o Dharma. Embora pareçam agradáveis ou inofensivas, são enganadoras. Fazem-nos desperdiçar a preciosa vida humana, destruindo a oportunidade de conquistar uma felicidade verdadeira e duradoura. Para superar esse tipo de preguiça, precisamos meditar repetidas vezes sobre os perigos do samsara. Devemos lembrar que todas as distrações da vida mundana são ilusórias, pois só servem para nos manter presos no samsara e nos causar mais sofrimentos.

A preguiça do desânimo é muito comum em tempos degenerados. Como não vemos com os próprios olhos exemplos vivos de seres iluminados e nosso progresso espiritual é mais lento do que gostaríamos, somos levados a duvidar da possibilidade de alcançar a Budeidade; ou concluímos que alcançá-la é algo tão raro que nossas chances são praticamente nulas. Outras vezes, vemos defeitos em nosso Guia Espiritual e em outros praticantes; concluímos que não possuem realizações e que investir esforço na prática de Dharma é um desperdício. Se, pensando assim, notarmos sinais de desânimo é bom lembrar que as aparências às mentes dos seres comuns são equivocadas, pois todas elas estão contaminadas pela ignorância. É certo que, quando tivermos eliminado a ignorância e alcançado mentes puras, por meio da prática de Dharma, os Budas vão aparecer nitidamente diante de nós.

Qualquer tentativa de alcançar realizações mais elevadas sem dominar as básicas leva ao desânimo. Precisamos entender que até as mais elevadas realizações começam pequenas. Isso nos fará valorizar nossas experiências iniciais de Dharma. Hoje, talvez já sejamos mais imparciais do que antigamente, mais pacientes, menos arrogantes; quem sabe nossa fé tenha aumentado e assim por diante. Esses pequenos aperfeiçoamentos são as sementes que se converterão em elevadas realizações e é assim que devem ser apreciados. Não se pode esperar grandes mudanças de imediato. Todos nós temos a natureza de Buda, o potencial para alcançar a grande iluminação. Agora que encontramos as instruções perfeitas do caminho mahayana, se praticarmos com firmeza e perseverança, é certo que conquistaremos a iluminação, sem grandes provações. Sendo assim, por que desanimar?

Existem três tipos de esforço: o esforço-armadura – uma forte determinação de ser bem-sucedido, que geramos no início de uma ação virtuosa; o esforço de reunir Dharmas virtuosos – empregado sempre que nos empenhamos para conquistar realizações de Dharma; e o esforço de beneficiar os outros – usado quando nos empenhamos em prestar ajuda aos seres vivos.

Precisamos aplicar esforço com habilidade. Algumas pessoas começam sua prática com grande entusiasmo, mas passado algum tempo, quando os resultados esperados não surgem, abandonam tudo. Elas se comportam como uma queda-d'água causada pela tempestade, que cascateia ruidosamente durante algum tempo e, depois, goteja até secar de vez. Nosso esforço não deve ser assim. Desde o início da prática, devemos tomar a firme decisão de perseverar até realizarmos a Budeidade, mesmo que isso leve muitas vidas. Então, temos que praticar com calma e perseverança, como um rio caudaloso fluindo regularmente, dia e noite, ano após ano.

Sempre que nos cansarmos, precisamos nos descontrair para depois retomar o esforço. Um esforço que vá além da nossa capacidade natural nos tornará tensos, irritados ou doentes. A prática de Dharma deve ser uma atividade alegre. Diz-se que, ao praticar o Dharma, devemos tentar nos comportar como crianças brincando. Quando entretidas em suas brincadeiras, as crianças se sentem plenamente satisfeitas e não há nada capaz de distraí-las.

PERFEIÇÃO DE ESTABILIZAÇÃO MENTAL

Estabilização mental, ou concentração, é um tipo de mente que permanece posicionada de modo estritamente focado em um objeto virtuoso. Sua função é impedir as distrações. A estabilização mental será uma perfeição quando for praticada com a motivação de bodhichitta.

A concentração das pessoas comuns funciona, principalmente, por meio de percepção mental. Nossas percepções sensoriais podem contemplar e permanecer estritamente focadas em seus objetos, mas elas não são concentrações. Por exemplo, quando o sentido da visão fita uma vela de modo estritamente focado, não estamos praticando concentração; tampouco o fazemos ao ouvir uma peça musical de maneira absorta. Para melhorar nossa concentração de modo que possamos alcançar as nove permanências mentais e o tranquilo-permanecer, temos que concentrar nossa mente de maneira estritamente focada em nosso objeto e permanecer nele sem nos distrair. O método para realizar isso consiste em nos concentrar na imagem genérica de nosso objeto – a imagem do objeto que aparece à nossa percepção mental. Finalmente, pelo poder da concentração, essa imagem mental será desgastada e perceberemos o objeto diretamente.

São muitos os benefícios do treino em concentração. Quando a mente é acalmada pela concentração, as delusões se assentam, permitindo um estado de muita lucidez. No momento, temos mentes rígidas e contrárias às nossas intenções virtuosas; mas, com o treino em concentração, poderemos dissolver as tensões de nosso corpo e mente, tornando-os maleáveis, cômodos e fáceis de serem trabalhados. É difícil para uma mente distraída ficar suficientemente familiarizada com o seu objeto e induzir realizações espontâneas, porque é como se a mente estivesse "aqui" e o objeto "ali". Uma mente concentrada, contudo, entra em seu objeto e funde-se nele, permitindo-nos obter rapidamente as realizações das Etapas do Caminho.

A prática de estabilização mental pode ser usada tanto para trilhar caminhos mundanos contaminados como para alcançar a libertação do samsara. Por exemplo, refinando nossa mente por meio de concentração podemos alcançar os planos mais elevados do samsara. O samsara se divide em três níveis ou reinos: o reino do desejo, o reino da forma e o reino da sem-forma. O reino do desejo, por sua vez, divide-se em seis: os três reinos inferiores do samsara, o reino dos humanos, o reino dos semideuses e o nível inferior do reino dos deuses. Finalmente, o reino dos deuses divide-se em três níveis: o reino dos deuses do reino desejo, o reino dos deuses do reino da forma e o reino dos deuses do reino da sem-forma. Treinar em estabilização mental é a única maneira de alcançarmos um renascimento como um deus do reino da forma ou da sem-forma.

Depois de realizar o tranquilo-permanecer, um praticante poderá, se assim o desejar, seguir avante a fim de renascer nos reinos da forma ou da sem-forma. Ele deve começar contemplando a natureza densa e dolorosa do reino do desejo, em oposição à paz, pureza e sutileza relativas do reino da forma. Aos poucos, abandonará as delusões do reino do desejo – em particular, o desejo sensual e todos os tipos de raiva –, de modo a renascer, em sua próxima vida, como um deus do reino da forma. Se continuar a refinar sua mente, o meditador ascenderá a níveis de concentração cada vez mais sutis, até obter a "concentração do topo do samsara". Com ela, o praticante poderá renascer no nível mais elevado do reino da sem-forma e obter a aquisição suprema do samsara. Um renascimento desse tipo, no topo do samsara, é obtido, principalmente, pela força da concentração; não é preciso ter a sabedoria que realiza a vacuidade. Alguns não budistas confundem esse estado com a libertação, mas se trata de um equívoco. Para alcançar o topo do samsara houve uma supressão das delusões mais grosseiras; contudo, as delusões muito sutis ainda não foram eliminadas. Justamente por isso, as delusões mais densas vão ressurgir e o meditador terá que descer uma vez mais aos estados inferiores.

Só uma realização direta da vacuidade tem o poder de interromper o continuum do agarramento ao em-si, a raiz de todas as delusões, e nos libertar do samsara definitivamente. Portanto, desde o início devemos treinar o tranquilo-permanecer com as motivações de renúncia e de bodhichitta, de modo que possamos superar o agarramento ao em-si juntamente com suas marcas e conquistar a grande libertação.

Antigamente era bem mais fácil alcançar o tranquilo-permanecer e as absorções do reino da forma e da sem-forma. Hoje em dia, tendo em vista a diminuição do mérito, o fortalecimento das delusões e a multiplicação das distrações, tais aquisições tornaram-se muito mais difíceis. Logo, temos que nos preparar bastante, superando, em especial, nosso apego desejoso e dispondo-nos a praticar com firmeza por longos períodos, antes de poder alcançarmos níveis mais elevados de concentração.

Durante o treino para dominar as concentrações do reino da forma e da sem-forma, alcançaremos clarividência e outros poderes miraculosos. Embora tais poderes sejam irrelevantes por si mesmos, os Bodhisattvas se servem deles com o intuito de ampliarem sua capacidade de ajudar os outros. Por exemplo, apesar de termos a melhor das intenções, às vezes, por desconhecer as mentes alheias, avaliamos mal uma situação e nossas ações, ao invés de ajudar, tornam-se um impedimento para os outros. A clarividência de conhecer a mente alheia evita tais problemas. Não devemos tentar obter clarividência e poderes milagrosos em benefício próprio. Quem tomou os votos bodhisattva deve ter um forte interesse em aperfeiçoar sua concentração unicamente para satisfazer seu desejo de beneficiar os outros.

PERFEIÇÃO DE SABEDORIA

Sabedoria é uma mente virtuosa que, compreendendo seu objeto por completo, serve para afastar dúvida e confusão. Quando praticada com a motivação de bodhichitta, torna-se uma perfeição.

Sabedoria não é inteligência comum, mundana. Uma pessoa pode ser muito inteligente, mas ter pouca sabedoria. Inventores de armas de destruição em massa, por exemplo, são muito inteligentes do ponto de vista mundano, mas não possuem nenhuma sabedoria. Certas pessoas têm muitos conhecimentos e dominam complexos assuntos técnicos, mas ignoram por completo como manter a mente serena ou levar uma vida virtuosa. Talvez elas tenham grande capacidade intelectual, mas sua sabedoria é limitada.

Sabedoria é um tipo especial de compreensão que inspira paz mental ao distinguir com clareza aquilo que é virtuoso e deve ser praticado, daquilo que é não virtuoso e deve ser evitado. A sabedoria representa os olhos da nossa prática espiritual. Sem ela, as demais perfeições são cegas e incapazes de nos conduzir ao destino final, a Budeidade.

Uma realização direta da verdade última, a vacuidade, só pode ser obtida por uma sabedoria que esteja associada à concentração especial do tranquilo-permanecer. Com uma mente oscilante, nunca perceberemos um objeto sutil como a vacuidade, com a clareza necessária para realizá-lo diretamente. É como tentar ler um livro à luz bruxuleante de uma chama de vela. Treinar em estabilização mental é comparável a proteger nossa mente do sopro dos pensamentos distrativos e a sabedoria equivale à própria luz da vela. Quando essas duas condições se reúnem, obtemos uma clara e poderosa percepção do objeto.

Depois de realizar o tranquilo-permanecer, devemos nos esforçar para obter a união do tranquilo-permanecer e da visão superior que observa a vacuidade. A natureza da visão superior é sabedoria. Assim como o tranquilo-permanecer é um tipo superior e especial de concentração, a visão superior é uma sabedoria superior que surge na dependência do tranquilo-permanecer. Quando tivermos realizado o tranquilo-permanecer, nossa concentração não poderá ser perturbada por pensamentos conceituais. Ela se tornará inabalável como uma imensa montanha, que não se move frente ao vento. Com essa concentração estável, somos capazes de investigar nosso objeto de observação mais minuciosamente. Pelo poder de repetida investigação, obteremos finalmente um conhecimento superior da natureza do objeto de meditação. Essa sabedoria de investigação causa uma maleabilidade mental especial. Uma sabedoria que é qualificada por tal maleabilidade é chamada de "visão superior".

O principal objeto da visão superior é a vacuidade, a natureza última dos fenômenos. Cada fenômeno possui duas naturezas: a convencional e a última. Nossa mente, por exemplo, tem diversas características e funções, tais como clareza e a habilidade de conhecer objetos. Essas características constituem a natureza convencional da mente. Mas, embora a mente possua traços peculiares que a distinguem dos demais fenômenos, ela não existe do seu próprio lado, independente deles. Essa falta de existência inerente é a natureza última, ou vacuidade, da mente. A vacuidade será explicada em detalhes no próximo capítulo.

Quando alcançamos pela primeira vez a visão superior que observa a vacuidade, nossa realização da vacuidade ainda é conceitual. Porém, se continuarmos a meditar sobre a vacuidade, com a união do tranquilo-permanecer e da visão superior, gradualmente vamos eliminar a imagem genérica, até perceber diretamente a vacuidade, sem nenhum traço conceitual. Uma sabedoria que realiza a vacuidade diretamente tem o poder de erradicar as delusões; portanto, é um verdadeiro caminho que conduz à libertação e à iluminação.

Por desejarem realizar a iluminação o mais depressa possível, os Bodhisattvas almejam acumular poderoso mérito rapidamente; portanto, eles praticam cada uma das seis perfeições associada às demais. Por exemplo, eles praticam o dar desinteressadamente e sem esperar nada em troca; assim, praticam de acordo com seus votos bodhisattva e associam a perfeição de dar à perfeição de disciplina moral. Por aceitarem pacientemente qualquer dificuldade e não sentirem raiva se houver ingratidão, eles associam a perfeição de dar à perfeição de paciência. Doando com alegria, combinam a perfeição de dar com a perfeição de esforço. Os Bodhisattvas concentram sua mente, pensando: "Que o mérito da minha ação possa ajudar essa pessoa a realizar a iluminação"; assim, eles associam a perfeição de dar à perfeição de estabilização mental. Finalmente, por compreenderem que o doador, o que é doado e a ação de doar carecem de existência inerente, os Bodhisattvas associam a perfeição de dar à perfeição de sabedoria.

As outras cinco perfeições também podem ser praticadas desse modo, em associação com as demais. Essa maneira habilidosa de praticar é uma ação-armadura dos Bodhisattvas. Ela acelera a conclusão das duas coleções – a coleção de mérito e a coleção de sabedoria – que são as causas do Corpo-Forma e do Corpo-Verdade de um Buda, respectivamente. Como os Bodhisattvas executam todas as suas ações com a motivação de bodhichitta, a vida deles é inteiramente permeada pela prática das seis perfeições.

Verdade Última

Verdade última é vacuidade. A vacuidade não é um simples "nada", mas sim a ausência de existência inerente. A existência inerente é equivocadamente projetada sobre os fenômenos pela mente de agarramento ao em-si. Todos os fenômenos naturalmente nos aparecem como se fossem inerentemente existentes e, sem perceber que essa aparência é equivocada, concordamos com ela instintivamente e acreditamos, ou sustentamos, que os fenômenos existem de modo inerente, ou verdadeiro. Esta é a razão fundamental de estarmos no samsara.

Há duas etapas para a realização da vacuidade. A primeira consiste em identificar com clareza o modo que os fenômenos aparecem à nossa mente como sendo inerentemente existentes e como acreditamos firmemente na verdade dessa aparência. Isso se chama "identificar o objeto de negação". Para que nossa compreensão da vacuidade seja efetiva, é essencial começar com uma clara imagem daquilo que será negado. A segunda etapa consiste em refutar o objeto de negação, ou seja, provar a nós mesmos, por meio de várias linhas de raciocínio, que o objeto de negação realmente não existe. Dessa maneira, conseguiremos realizar a ausência, ou não-existência, do objeto de negação, ou seja, a vacuidade.

Porque nos agarramos tão fortemente a nós mesmos e ao nosso corpo, devemos começar contemplando a vacuidade desses dois fenômenos. Esse treino se faz por meio de duas meditações explicadas a seguir: a meditação sobre a vacuidade do eu e a meditação sobre a vacuidade do corpo.

A VACUIDADE DO EU

Identificar o objeto de negação

Embora nos agarremos a um eu inerentemente existente o tempo todo, até dormindo, não é fácil identificar de que modo ele aparece à nossa mente. Para identificá-lo com clareza, temos que permitir que ele se manifeste nitidamente, contemplando situações nas quais temos uma sensação exagerada do eu, como quando estamos atrapalhados, envergonhados, com medo ou indignados. Lembramos ou imaginamos uma situação desse tipo e, então, sem tecer comentários ou análises, tentamos obter uma nítida imagem mental de como o eu naturalmente aparece em tal ocasião. É preciso ser paciente nesta etapa, pois ela pode exigir várias sessões de meditação antes de obtermos essa imagem clara. Por fim, veremos que o eu aparece como se fosse completamente sólido e real, existindo de seu próprio lado, sem depender do corpo ou da mente. Esse vívido eu que aparece é o eu inerentemente existente que apreciamos tão fortemente. É esse eu que defendemos quando somos criticados e é dele que somos tão orgulhosos quando elogiados.

Uma vez que tenhamos uma imagem de como o eu aparece nessas circunstâncias extremas, devemos tentar identificá-lo de que modo ele normalmente aparece, em situações menos extremas. Por exemplo, podemos examinar o eu que está lendo este livro agora e tentar descobrir como ele aparece à nossa mente. Veremos que, embora não haja uma sensação inflada do eu, ainda assim, o eu aparece como se fosse inerentemente existente, existindo de seu próprio lado, sem depender do corpo ou da mente.

Depois de obter uma imagem do eu inerentemente existente, nos concentramos nela de modo focado durante algum tempo e, então, passamos para o segundo estágio.

Refutar o objeto de negação

Se o eu existisse da maneira que aparece, ele teria que existir de um destes quatro modos: como o corpo, como a mente, como a coleção de corpo e mente ou como algo distinto do corpo e da mente. Não há nenhuma outra possibilidade. Contemplamos essa afirmação atenciosamente até nos convencermos de sua veracidade e, então, passamos a examinar cada uma das quatro possibilidades:

(1) Se o eu fosse o corpo, não faria sentido dizer "meu corpo", porque o possuidor e o possuído seriam idênticos.

Se o eu fosse o corpo, não existiria renascimento, pois o eu cessaria com a morte do corpo.

Se o eu e o corpo fossem idênticos, já que somos capazes de gerar fé, sonhar, resolver problemas matemáticos e assim por diante, seguir-se-ia que carne, sangue e ossos poderiam fazer o mesmo. Como nada disso é verdadeiro, segue-se que o eu não é o corpo.

(2) Se o eu fosse a mente, não faria sentido dizer "minha mente", porque o possuidor e o possuído seriam idênticos. Mas, normalmente, quando nos referimos à mente, dizemos "minha mente". Isso indica com clareza que o eu não é a mente.

Se o eu fosse a mente, então, visto que cada pessoa possui muitos tipos de mente, como as seis consciências, as mentes conceituais e não conceituais, seguir-se-ia que cada pessoa também teria muitos "eus". Como isso é um absurdo, segue-se que o eu não é a mente.

(3) Uma vez que o corpo não é o eu, tampouco a mente é o eu, a coleção de corpo e mente não pode ser o eu. A coleção de corpo e mente é um agrupamento de coisas que não são o eu; portanto, como poderia a coleção em

si ser o eu? Por exemplo, num rebanho de vacas nenhum dos animais é uma ovelha; portanto, o rebanho em si não é ovelha. Do mesmo modo, na coleção de corpo e mente, nem o corpo nem a mente são o eu; assim sendo, a coleção, ela própria, não é o eu.

Você pode achar este ponto difícil de ser compreendido, mas, se você pensar bastante tempo sobre isso, com uma mente calma e positiva, e conversar com praticantes mais experientes, aos poucos isso se tornará mais claro para você. Você pode, também, consultar livros autênticos sobre o assunto, como *Novo Coração de Sabedoria.*

(4) Se o eu não for o corpo, nem a mente, tampouco a coleção do corpo e da mente, a única possibilidade que resta é que ele seja algo separado do corpo e da mente. Neste caso, teríamos que ser capazes de apreender o eu sem o aparecimento do corpo e da mente. Porém, se imaginarmos que o nosso corpo e a nossa mente desapareceram por completo, não terá sobrado nada que possa ser chamado de eu. Portanto, segue-se que o eu não é separado do corpo e da mente.

Devemos imaginar que nosso corpo gradualmente se desfaz em ar rarefeito e que a mente, em seguida, faz o mesmo; nossos pensamentos se espalham ao sabor do vento e as sensações, os desejos e as percepções se dissolvem no nada. Restou algo que seja o eu? Não. Com certeza, o eu não é algo separado do corpo e da mente.

Já examinamos as quatro possibilidades e não conseguimos encontrar o eu. Como já tínhamos decidido que não há uma quinta possibilidade, somos levados a concluir que o eu verdadeiramente, ou inerentemente existente, que aparece normalmente com tanta vivacidade, não existe de modo algum. No lugar em que antes aparecia um eu inerentemente existente, agora aparece uma ausência desse eu. Essa ausência de um eu inerentemente existente é a sua vacuidade, a verdade última.

Contemplamos assim até que surja à nossa mente uma imagem genérica da ausência de um eu inerentemente existente. Essa imagem é o nosso objeto da meditação posicionada. Tentamos nos familiarizar por completo com esse objeto, com concentração estritamente focada, pelo maior tempo possível.

Considerando que nos agarramos a um eu inerentemente existente desde tempos sem início e que o temos apreciado acima de tudo, a experiência de não encontrá-lo em meditação pode ser um grande choque para nós. Algumas pessoas sentem medo e pensam que vão se tornar completamente não existentes. Outras são tomadas por uma intensa alegria, como se a fonte de todos os seus problemas houvesse desaparecido. Ambas as reações são sinais positivos e indicam uma meditação correta. Depois de algum tempo, essas reações iniciais cedem e a mente se acomoda num estado mais equilibrado. Então, somos capazes de meditar sobre a vacuidade de maneira calma e controlada.

Devemos permitir que nossa mente fique absorta na vacuidade semelhante ao espaço pelo maior tempo possível. É importante lembrar que nosso objeto é a vacuidade, a ausência de um eu inerentemente existente, não um mero nada. De vez em quando, devemos checar a meditação com o fator mental vigilância. Se nossa mente tiver se desviado para outro objeto ou perdido o significado da vacuidade e estivermos concentrados num simples nada, devemos voltar às contemplações a fim de trazer claramente a vacuidade de novo à mente.

Uma dúvida pode surgir: "Se não há um eu verdadeiramente existente, então, quem está meditando? Quem vai sair da meditação, falar com os outros e responder quando o meu nome for chamado?". Embora não haja nada que seja o eu, nem dentro do corpo e da mente, tampouco separado do corpo e da mente, isso não significa que o eu não exista de modo algum. Apesar do eu não existir de nenhuma das quatro formas acima mencionadas, ele existe convencionalmente. O eu é uma mera designação imputada pela mente conceitual ao agrupamento do corpo e da mente. Desde que fiquemos satisfeitos com a mera designação "eu", não haverá problemas. Podemos pensar: "eu existo", "eu estou indo à cidade" e assim por diante. O problema só surge quando procuramos um eu outro que a mera imputação conceitual "eu". A mente de agarramento ao em-si se agarra a um eu que existe essencialmente, independente da imputação conceitual, como se atrás do rótulo existisse um eu "real". Se esse eu existisse, teríamos de ser capazes de encontrá-lo, mas, como já vimos, o eu não pode ser encontrado por meio de investigação. A conclusão de nossa busca foi a total impossibilidade de encontrar o eu. Essa impossibilidade de encontrar o eu é a vacuidade do eu, a natureza última do eu. O eu que existe como mera imputação é a natureza convencional do eu.

A VACUIDADE DO CORPO

Identificar o objeto de negação

A meditação sobre a vacuidade do corpo é semelhante à meditação sobre a vacuidade do eu. Primeiro, temos que identificar o objeto de negação.

Normalmente, quando pensamos "meu corpo", o que aparece à mente é um corpo que existe do seu próprio lado, como uma entidade única, sem depender de suas partes. Esse corpo será nosso objeto de negação e ele é não-existente. As expressões "corpo verdadeiramente existente", "corpo inerentemente existente" e "corpo que existe do seu próprio lado" têm, todas, o mesmo significado e são nossos objetos de negação.

Refutar o objeto de negação

Se o corpo existisse da maneira como aparece, ele teria que existir de um destes dois modos: como suas partes ou separado de suas partes. Não há uma terceira possibilidade.

Se o corpo fosse o mesmo que suas partes, seria ele uma das partes individuais ou a coleção de suas partes? Se fosse uma das partes, seria ele as mãos, o rosto, a pele, os ossos, a carne ou os órgãos internos? Se checarmos cuidadosamente nos perguntando "a cabeça é o corpo?", "a carne é o corpo?" e assim por diante, veremos facilmente que nenhuma das partes individuais do corpo é o corpo.

Se o corpo não é nenhuma de suas partes individuais, seria ele a coleção de suas partes? O agrupamento das partes do corpo não pode ser o corpo. Por quê? Visto que partes do corpo são não-corpos, como poderia um agrupamento de não-corpos ser um corpo? As mãos, os pés e assim por diante são, todos, partes do corpo, mas não são o corpo em si. Mesmo se juntarmos todas essas partes, o agrupamento delas continuará sendo um conjunto de partes do corpo; ele não se transformará magicamente na parte possuidora, o corpo.

Se o corpo não é nenhuma de suas partes, só resta a possibilidade de ele ser separado de suas partes. Entretanto, se todas as partes do corpo desaparecessem, não restaria nada que pudesse ser chamado de corpo. Vamos imaginar que todas as partes de nosso corpo se desfaçam em luz e desapareçam. Primeiro, a pele se dissolve e, então, a carne, o sangue, os órgãos internos e, por fim, o esqueleto se dissolvem e se esvaem em luz. Restou algo que seja nosso corpo? Nada restou. Não existe um corpo separado de suas partes.

Exaurimos todas as possibilidades. O corpo não é nenhuma de suas partes e tampouco é separado de suas partes. Fica claro que o corpo não pode ser encontrado. Ali onde anteriormente aparecia um corpo inerentemente existente, agora aparece a ausência desse corpo. Essa ausência de um corpo inerentemente existente é a vacuidade do corpo.

Reconhecendo essa ausência como sendo a falta de um corpo inerentemente existente, meditamos nela com concentração estritamente focada. Outra vez, devemos examinar nossa meditação com o fator mental vigilância para nos certificar de que estamos meditando sobre a vacuidade do corpo e não sobre um nada. Se perdermos o significado da vacuidade, devemos retornar às contemplações a fim de restaurá-lo.

Assim como aconteceu com o eu, o fato de não encontrarmos o corpo por meio de investigação não significa que ele não exista de modo algum. O corpo existe, mas apenas como imputação convencional. Segundo a convenção aceita, podemos imputar "corpo" a um agrupamento de cabeça, tronco e membros. Porém, se tentarmos apontar com precisão o corpo, esperando encontrar um fenômeno substancialmente existente ao qual a palavra "corpo" se refira, não encontraremos corpo. Essa impossibilidade de encontrar o corpo é a vacuidade do corpo, a natureza última do corpo. O corpo que existe como mera imputação é a natureza convencional do corpo.

Embora seja incorreto afirmar que o corpo é idêntico ao conjunto de cabeça, tronco e membros, não há falha alguma em dizer que o corpo é imputado a essa coleção. Ao passo que as partes do corpo são um fenômeno plural, o corpo é singular. "Corpo" é apenas uma imputação feita pela mente que o imputa. Ele não existe do lado do objeto. Não há nada de errado em imputar um fenômeno singular a um grupo de muitas coisas. Por exemplo, podemos imputar "floresta", singular, a um conjunto de muitas árvores, e "rebanho" a um grupo de vacas.

Todos os fenômenos existem como convenção; nada é inerentemente existente. Isso se aplica à mente, a Buda e até à própria vacuidade. Tudo é uma mera imputação mental. Todos os fenômenos possuem partes: os fenômenos físicos possuem partes físicas e os fenômenos não físicos possuem vários atributos que podem ser distinguidos pelo pensamento. Usando o mesmo tipo de raciocínio, podemos compreender que os fenômenos não são uma de suas partes, nem a coleção de suas partes, tampouco são separados de suas partes. Deste modo, podemos realizar a vacuidade de todos os fenômenos.

É especialmente útil meditarmos sobre a vacuidade dos objetos que nos causam fortes delusões, como apego e raiva. Se analisarmos corretamente, perceberemos que o objeto que desejamos ou detestamos não existe do seu próprio lado – sua beleza ou feiura e até sua própria existência são imputadas pela mente. Refletindo assim, descobriremos que não existe fundamento para o apego ou para o ódio.

Por causa de nossos maus hábitos mentais, que surgem da familiaridade sem início com a ignorância do agarramento ao em-si, tudo o que aparece à nossa mente parece existir do seu próprio lado. Essa aparência é completamente equivocada. Na realidade, os fenômenos são completamente vazios de existirem de seu próprio lado. Os fenômenos existem, mas só porque são imputados pela mente. Familiarizando-nos com esta verdade, conseguiremos erradicar o agarramento ao em-si, a raiz de todas as delusões e falhas.

Durante o dia, quando não estivermos em meditação, devemos tentar reconhecer que tudo o que aparece à nossa mente carece de existência verdadeira. Num sonho, as coisas aparecem vividamente ao sonhador, mas quando ele acorda, logo percebe que os objetos que lhe apareciam eram apenas aparências mentais, inexistentes do seu próprio lado. Devemos considerar todos os fenômenos de modo similar. Embora apareçam vividamente à nossa mente, eles carecem de existência inerente.

Buda Rei do Monte Meru, Sentado Firmemente numa Joia e num Lótus

Iluminação

PARA REALIZAR A plena iluminação, precisamos percorrer cinco etapas, denominadas "os Cinco Caminhos Mahayana". Eles são:

1. O Caminho Mahayana da Acumulação;
2. O Caminho Mahayana da Preparação;
3. O Caminho Mahayana da Visão;
4. O Caminho Mahayana da Meditação;
5. O Caminho Mahayana do Não-Mais-Aprender.

São chamadas de "caminhos" porque assim como caminhos exteriores conduzem a destinações exteriores, esses caminhos interiores nos conduzem à nossa destinação espiritual suprema, a plena iluminação.

Por meio do treino em amor afetuoso, grande compaixão e bodhichitta, alcançaremos tamanha familiaridade com a bodhichitta que ela surgirá naturalmente, dia e noite. Quando conquistarmos essa realização espontânea da bodhichitta, teremos nos tornado um Bodhisattva e ingressaremos no primeiro dos Cinco Caminhos Mahayana, o Caminho da Acumulação. Os Bodhisattvas do Caminho da Acumulação se empenham em acumular mérito e sabedoria praticando as seis perfeições. Durante o intervalo entre as meditações, eles praticam principalmente as quatro primeiras perfeições, para acumular mérito e beneficiar diretamente os outros. Eles atuam de diversas maneiras, mas dar ensinamentos de

Dharma é, entre todas, a mais importante. Ensinando o Dharma e guiando as pessoas ao longo do caminho espiritual, os Bodhisattvas ajudam os seres vivos a obterem felicidade pura e duradoura. Isso não pode ser feito apenas por meio de ajuda material.

Quase no final do Caminho da Acumulação, os Bodhisattvas alcançam uma realização especial denominada "a concentração do continuum do Dharma". Com essa concentração, eles conseguem relembrar de todo o Dharma que estudaram em suas vidas anteriores e jamais se esquecerão do que aprenderam nesta vida. Também são capazes de ver os Corpos-Emanação supremos dos Budas diretamente e recebem seus ensinamentos.

Durante a sessão de meditação, os Bodhisattvas do Caminho da Acumulação enfatizam as perfeições de estabilização mental e de sabedoria. A principal tarefa de um Bodhisattva deste caminho é desenvolver a união entre o tranquilo-permanecer e a visão superior que observa a vacuidade. A maioria dos Bodhisattvas deste caminho já possui alguma compreensão sobre a vacuidade e, já que é impossível desenvolver a bodhichitta espontânea sem o tranquilo-permanecer, eles necessariamente realizaram o tranquilo-permanecer. Eles precisam, agora, combinar sua compreensão da vacuidade com a experiência do tranquilo-permanecer, por meio de repetida meditação analítica e posicionada sobre a vacuidade. No início, a análise perturba a concentração na vacuidade, mas, com treino, ao invés de atrapalhar ela passa a intensificar essa concentração.

Para os Bodhisattvas que alcançaram este ponto, a concentração do tranquilo-permanecer é como um lago de águas tranquilas e límpidas, e a visão superior, como um pequeno peixe capaz de nadar habilidosamente nessas águas, sem perturbar sua tranquilidade. No instante em que o Bodhisattva conquista a união do tranquilo-permanecer e da visão superior que observa a vacuidade, ele ou ela avança para o Caminho da Preparação.

O Caminho da Preparação é assim chamado porque, neste ponto, o Bodhisattva está se preparando para ter uma realização direta da vacuidade. No intervalo entre as meditações, ele continua a se empenhar nas perfeições de dar, disciplina moral, paciência e esforço, a fim de beneficiar os outros e acumular mérito; na sessão de meditação, ele continua a meditar sobre a vacuidade. Nesta fase, a meditação do Bodhisattva sobre a vacuidade ainda é conceitual, ou seja, a vacuidade ainda aparece à sua mente misturada com uma imagem genérica. Por esse motivo, o Bodhisattva continua sujeito à aparência dual. A meta do Caminho Mahayana da Preparação consiste em aproximar, cada vez mais, a mente e seu objeto, a vacuidade, até que os dois se fundam por completo; então, a imagem genérica se dissolve e todas as aparências duais se assentam na vacuidade. Isso é obtido através de repetida meditação sobre a vacuidade, com a união do tranquilo-permanecer e da visão superior.

Para erradicar as aparências duais, os Bodhisattvas meditam sobre a vacuidade da mente e sobre a vacuidade da vacuidade. Fazendo essas meditações profundas com a sabedoria da visão superior, eles são capazes de superar progressivamente níveis cada vez mais sutis de aparência dual. Finalmente, durante o equilíbrio meditativo, até a mais sutil das aparências duais cessa e a mente se mistura com a vacuidade, como água que se mistura com água. Neste ponto, a mente e seu objeto dão a impressão de ser o mesmo. Só a vacuidade é percebida – nenhum outro fenômeno aparece, nem mesmo a própria mente. Com essa realização, o Bodhisattva se torna um ser superior e avança para o Caminho Mahayana da Visão.

O Caminho Mahayana da Visão é assim chamado porque nele a vacuidade é percebida diretamente, sem a interferência de uma imagem genérica. Tendo visto a verdade última de modo direto, a mente do Bodhisattva está em perfeita concordância com a realidade. Ele ou ela não será mais enganado pelas aparências e, portanto, se tornará uma fonte de refúgio perfeitamente confiável, uma Joia Sangha.

No Caminho da Visão, o Bodhisattva abandona as delusões intelectualmente formadas, que são as delusões que desenvolvemos quando adotamos raciocínios incorretos ou aderimos a visões filosóficas ou religiosas errôneas. Uma vez que o Bodhisattva viu diretamente a vacuidade, a natureza real dos fenômenos, é impossível que essas delusões surjam de novo em sua mente.

Ao mesmo tempo em que alcança o Caminho Mahayana da Visão, o Bodhisattva também conquista o primeiro dos dez solos de um Bodhisattva: o Muito Alegre. Neste solo, o Bodhisattva conquista muitas qualidades extraordinárias. Delusões fortes, como raiva e inveja, não surgem mais em sua mente. Mesmo que seja provocado ao extremo, ele nunca sentirá raiva. Além disso, ele não experiencia dor alguma, mesmo que alguém corte o seu corpo em pedaços. Por ter realizado diretamente que ele e seu corpo são vazios de existência inerente e não passam de meras imputações conceituais, se alguém viesse a cortar seu corpo em pedaços, ele não sofreria mais do que se visse uma árvore sendo cortada. Um Bodhisattva deste solo também possui qualidades especiais ligadas ao número "cem". Por exemplo, ele pode ver cem Budas num instante, enxergar cem éons passados e futuros e emanar cem corpos simultaneamente. Tais qualidades especiais estão explicadas no livro *Oceano de Néctar*.

Em cada um dos dez solos, o Bodhisattva conquista uma experiência especial de uma das perfeições. No primeiro solo, ele ou ela alcança uma realização insuperável da perfeição de dar. Se o Bodhisattva considerar benéfico para os seres vivos, ele poderá doar o próprio corpo ou a vida, sem o mais leve pesar. No segundo solo, ele conquista uma realização insuperável da perfeição de disciplina moral e nunca mais comete nenhuma ação negativa, nem mesmo em sonhos. No terceiro, obtém uma realização insuperável da perfeição de paciência e no quarto, quinto e sexto solos ele alcança realizações insuperáveis das perfeições de esforço, estabilização mental e sabedoria, respectivamente. No sétimo, oitavo, nono e décimo solos, o Bodhisattva alcança experiências especiais das perfeições de meios habilidosos, prece, poder e excelsa sabedoria, que são aspectos da perfeição de sabedoria.

Embora um Bodhisattva do Caminho da Visão tenha abandonado as delusões intelectualmente formadas, ele ainda não conseguiu abandonar as delusões inatas. Essas delusões são as delusões com as quais nascemos, ao contrário das outras, que adquirimos ao entrar em contato com filosofias ou sistemas de pensamento incorretos. Por estarem profundamente implantadas em nossa mente, as delusões inatas são mais difíceis de abandonar do que as delusões intelectualmente formadas.

O Bodhisattva avança para o Caminho da Meditação quando sua meditação sobre a vacuidade ganha o vigor necessário para o abandono dos níveis mais densos das delusões inatas. As delusões inatas possuem nove níveis, que vão desde a grande-grande até a pequena-pequena. Purificar nossa mente de tais delusões é como lavar roupa. Se as nossas roupas estiverem muito sujas, precisaremos lavá-las diversas vezes antes que fiquem completamente limpas. A sujeira mais forte sai na primeira lavada, mas para remover manchas mais sutis e impregnadas, temos que lavar as roupas muitas vezes. Do mesmo modo, não podemos limpar nossa mente das delusões de uma só vez. Para purificá-la por completo, precisamos meditar repetidamente sobre a vacuidade. Abandonaremos primeiro as delusões mais grosseiras até conseguirmos purificar os níveis mais sutis.

No sétimo solo, o Bodhisattva desenvolve uma sabedoria suficientemente poderosa para abandonar as delusões mais sutis, as delusões pequenas-pequenas; e, no oitavo solo, já terá abandonado por completo todas as delusões, incluindo as delusões pequenas-pequenas. Entretanto, o Bodhisattva ainda possuiu as marcas das delusões, que permanecem em sua mente como o cheiro do alho permanece no recipiente que o guardava, mesmo depois do alho ter sido removido. Como foi mencionado, as marcas das delusões são as obstruções à onisciência. O Bodhisattva no oitavo solo medita sobre a vacuidade para abandonar as obstruções densas à onisciência. Quando ele as supera por completo, ele avança para o nono solo. No nono solo, ele continua a meditar sobre a vacuidade para abandonar as obstruções sutis à onisciência; quando elas forem completamente abandonadas, ele avança para o décimo solo.

No final do décimo solo, o Bodhisattva ingressa num equilíbrio meditativo na vacuidade denominado "a Concentração semelhante-a-um-vajra do Caminho da Meditação", que serve de antídoto direto às obstruções muito sutis à onisciência. Essa concentração também é conhecida como "a excelsa sabedoria do continuum final", porque ela é a última mente de um ser limitado. No instante seguinte, o Bodhisattva abandona as obstruções muito sutis à onisciência e as aparências duais muito sutis. Então, ele alcança o Caminho Mahayana do Não-Mais-Aprender e se torna um Buda Conquistador.

É impossível descrever todas as boas qualidades de um Buda. Sua compaixão, sabedoria e poder ultrapassam totalmente nossa compreensão. Não há nada que obstrua sua mente; portanto, ele é capaz de ver todos os fenômenos do universo tão claramente como se visse uma joia na palma da sua mão. Pela força de sua compaixão, um Buda espontaneamente faz tudo o que for apropriado para beneficiar os outros. Ele não precisa pensar sobre a melhor maneira de ajudar os seres vivos – ele age naturalmente da maneira que for mais benéfica, sem nenhum esforço. Buda é como um sol. Assim como o sol não precisa se motivar para irradiar luz e calor, mas faz isso simplesmente porque essa é sua natureza, Buda também não precisa se motivar para beneficiar os outros, pois sua natureza é ser benéfico.

As emanações de um Buda aparecem de modo espontâneo sempre que a mente de um ser vivo for capaz de percebê-las, assim como a lua aparece refletida em qualquer poça d'água. Para ajudar os seres, os Budas emanam seus corpos com as mais diferentes formas. Às vezes, eles se revelam como budistas; outras, como não-budistas. Eles podem se manifestar como homens ou mulheres, reis ou mendigos, como cidadãos íntegros ou criminosos. Os Budas podem até mesmo aparecer sob a forma de animais, do vento, da chuva, ou como montanhas ou ilhas. A menos que nós mesmos sejamos um Buda, nunca saberemos ao certo quem é ou não uma emanação de Buda.

Mostrar-se sob a forma de um Guia Espiritual é, dentre todas as maneiras de beneficiar os seres vivos, a ajuda suprema que um Buda nos oferece. Por meio de seus ensinamentos e exemplo imaculado, um autêntico Guia Espiritual orienta seus discípulos ou discípulas ao longo do caminho espiritual à libertação e à iluminação. Se encontrarmos um Guia Espiritual mahayana qualificado e colocarmos em prática tudo o que ele ou ela nos ensinar, certamente realizaremos a plena iluminação e nos tornaremos um Buda Conquistador. Então, estaremos em posição de recompensar a bondade de todos os seres vivos, libertando-os dos sofrimentos do samsara e conduzindo-os ao êxtase supremo da Budeidade.

Dedicatória

ESCREVI ESTE LIVRO, *Introdução ao Budismo*, com uma motivação pura. Pela virtude que reuni com este trabalho e por todas as demais virtudes, as minhas e as dos outros, que o puro Budadharma floresça neste mundo. Que todos os seres mães sejam libertados da prisão do samsara o mais rapidamente possível e alcancem a suprema felicidade de um Buda Conquistador.

Geshe Kelsang Gyatso
Centro de Meditação Kadampa Manjushri
Dia da Iluminação de Buda
Junho de 1992

Este livro, Introdução ao Budismo, *são os ensinamentos do Venerável Geshe Kelsang Gyatso Rinpoche. Estes ensinamentos foram gravados e transcritos e, então, editados principalmente por ele e alguns dos seus estudantes seniores.*

Apêndice I

Os Compromissos de Refúgio

Os Compromissos de Refúgio

Quando buscamos refúgio, comprometemo-nos a observar doze compromissos especiais. Observando-os com sinceridade, protegemos nossa mente de refúgio e ela gradualmente se fortalecerá. Esses compromissos constroem a base para todas as realizações das etapas do caminho. Compreendendo isso, não devemos considerá-los como se fossem um fardo, mas praticá-los com alegria e sinceridade.

Dentre os doze compromissos, seis são compromissos específicos e seis são compromissos gerais. Os seis compromissos específicos são assim chamados porque estão relacionados especificamente a cada uma das Três Joias. Há dois compromissos relacionados a Buda, dois compromissos relacionados ao Dharma e dois compromissos relacionados à Sangha. Em cada caso, há algo a ser abandonado e algo a ser praticado. Os seis compromissos gerais se aplicam uniformemente a Buda, Dharma e Sangha. Os doze compromissos serão explicados a seguir.

OS DOIS COMPROMISSOS ESPECIFICAMENTE RELACIONADOS A BUDA

1. Não buscar refúgio em professores que contradizem a visão de Buda nem em deuses samsáricos. Isso não significa que não possamos aceitar a ajuda dos outros; significa que não devemos confiar neles esperando que nos ofereçam proteção definitiva contra o sofrimento.

2. Considerar toda imagem de Buda como um Buda de verdade. Sempre que virmos uma estátua, feita de ouro ou qualquer outro material, devemos considerá-la um Buda de verdade. Não devemos nos ater a seu valor material ou qualidade artística, mas prestar homenagens fazendo oferendas e prostrações e buscar refúgio. Se praticarmos dessa maneira, nosso mérito crescerá muito.

OS DOIS COMPROMISSOS ESPECÍFICOS RELACIONADOS AO DHARMA

3. Não prejudicar os outros. Em vez de tratar mal as pessoas, devemos tentar, com a melhor motivação, beneficiá-las sempre que possível. Primeiro, precisamos nos concentrar em reduzir os pensamentos nocivos e gerar intenções benéficas em relação aos mais próximos, como amigos e familiares. Quando tivermos desenvolvido um bom coração em relação a eles podemos, gradualmente, ampliar nossa prática incluindo mais e mais pessoas, até abranger todos os seres vivos. Se pudermos abandonar os maus pensamentos e sempre ter intenções benéficas, facilmente obteremos as realizações de grande amor e grande compaixão. Dessa maneira, desde o início da nossa prática de refúgio, aumentaremos nossa compaixão, a essência do Budadharma.

4. Considerar toda escritura de Dharma como sendo a Joia Dharma efetiva. O Dharma é a fonte de toda saúde e felicidade. Uma vez que não podemos ver as Joias Dharma com os nossos olhos, devemos considerar os textos de Dharma como verdadeiras Joias Dharma. As Joias Dharma efetivas só irão surgir como resultado de estudarmos, contemplarmos e meditarmos sobre o significado das escrituras. Precisamos respeitar cada palavra das escrituras e cada palavra das explicações sobre os ensinamentos de Buda. Portanto, devemos tratar nossos livros de Dharma com grande cuidado e evitar pisar sobre eles ou colocá-los em lugares inapropriados, onde possam ser danificados ou usados inapropriadamente. Cada vez que estragamos ou negligenciamos um livro de Dharma, criamos causas para nos tornarmos mais ignorantes, pois essas ações são semelhantes à ação de abandonar o Dharma. Certa vez, o grande mestre tibetano Geshe Sharawa viu algumas pessoas brincando com seus livros de Dharma e disse: "Vocês não devem fazer isso. Vocês já são ignorantes o suficiente. Por que desejam se tornar ainda mais ignorantes?".

OS DOIS COMPROMISSOS ESPECÍFICOS RELACIONADOS À SANGHA

5. Não nos deixar influenciar por pessoas que rejeitam os ensinamentos de Buda. Isso não significa que devemos abandonar essas pessoas, mas simplesmente não nos deixar influenciar por suas opiniões. Sem abandonar o amor e a consideração pelos outros, devemos ser vigilantes e nos assegurar de que não estamos sendo levados por seus maus hábitos e conselhos infundados.

6. Considerar todos os que usam as vestes de ordenação como sendo a Joia Sangha efetiva. Mesmo que os membros da Sangha ordenada sejam pobres, devemos reverenciá-los, pois eles mantêm disciplina moral e isso é algo muito raro e precioso.

OS SEIS COMPROMISSOS GERAIS

7. Refugiar-se repetidamente nas Três Joias, lembrando suas boas qualidades e o que as diferencia. O Dharma é como um barco que pode nos fazer cruzar o oceano do samsara, Buda é como o habilidoso navegador e a Sangha, como a tripulação. Lembrando-nos disso, devemos buscar refúgio nas Três Joias repetidas vezes.

8. Oferecer a primeira porção do que comemos e bebemos às Três Joias, enquanto relembramos sua bondade. Uma vez que precisamos comer e beber várias vezes ao dia, se sempre oferecermos a primeira porção da nossa comida ou bebida às Três Joias, relembrando-nos de sua bondade, aumentaremos imensamente nosso mérito. Isso pode ser feito com a seguinte prece:

Faço essa oferenda a ti, Buda Shakyamuni,
Cuja mente é a síntese de todas as Joias Buda,
Cuja fala é a síntese de todas as Joias Dharma,
Cujo corpo é a síntese de todas as Joias Sangha.
Ó Abençoado, por favor, aceita e abençoa minha mente.

OM AH HUM (3x)

É importante sempre relembrar da bondade de Buda. Toda nossa felicidade é resultado da bondade de Buda porque todas as suas ações são permeadas de compaixão e consideração pelos outros, e são essas ações que nos capacitam a fazer ações virtuosas, a causa da nossa felicidade.

Não fosse pela bondade de Buda, não saberíamos quais as verdadeiras causas de felicidade ou as verdadeiras causas de sofrimento. Buda ensinou que a felicidade e o sofrimento dependem da mente. Ele nos mostrou como abandonar os estados mentais que causam sofrimento e cultivar os que causam felicidade. Em outras palavras, ele ensinou métodos perfeitos para superarmos o sofrimento e alcançarmos a felicidade. Ninguém mais nos deu esses tipos de métodos. Como Buda é bondoso!

Nosso corpo humano é uma prova da bondade de Buda. Devido às bênçãos e às instruções de Buda, fomos capazes de criar as causas para renascer com uma forma humana, com todas as liberdades e dotes necessários à prática espiritual. Se hoje podemos aprender o Dharma e encontrar Guias Espirituais, isso se deve unicamente à bondade de Buda. Podemos praticar os métodos que conduzem à plena iluminação e obter realizações espirituais somente porque Buda foi bondoso o suficiente para girar a Roda do Dharma e mostrou seu exemplo neste mundo. Até nossa limitada sabedoria, que nos permite valorizar os ensinamentos de Buda e discriminar o que é benéfico do que é prejudicial, é resultado da bondade de Buda.

Não devemos pensar que Buda ajude apenas seus seguidores. Buda alcançou a iluminação para beneficiar todos os seres vivos. Para ajudar os outros, ele se manifesta sob diferentes formas, algumas vezes até como professores não budistas. Não há sequer um ser vivo que não tenha sido beneficiado pela bondade de Buda.

9. Com compaixão, sempre encorajar os outros a se refugiarem. Devemos sempre tentar ajudar os outros a buscar refúgio, mas isso deve ser feito de modo habilidoso. Se conhecermos alguém que se interesse pelo Dharma, devemos ajudar essa pessoa a gerar as causas de refúgio: medo do sofrimento e fé nas Três Joias. Podemos falar sobre a impermanência – como as condições desta vida mudam e como o corpo envelhece e se degenera – e conversar sobre os sofrimentos da doença, do envelhecimento e da morte, sobre o que acontecerá depois da morte e, ainda, explicar por que os diversos tipos de renascimento têm a natureza do sofrimento. Se, com habilidade, incluirmos esses assuntos em nossas conversas, os outros começarão a perder sua complacência e, quando começarem a se sentir apreensivos, naturalmente desejarão saber o que pode ser feito. Então, explicaremos de que modo Buda, Dharma e Sangha podem ajudar e como buscar refúgio.

Se ajudarmos alguém dessa maneira, com tato, sem arrogância ou impaciência, beneficiaremos verdadeiramente essa pessoa. Não sabemos ao certo se um presente material de fato ajudará os outros; às vezes, poderá até causar mais problemas. A melhor maneira de ajudar os outros é conduzi-los ao Dharma. Se não conseguirmos dar explicações aprofundadas, poderemos, ao menos, dar bons conselhos aos que se sentem infelizes e ajudá-los a solucionar seus problemas por meio do Dharma.

10. Buscar refúgio pelo menos três vezes durante o dia e três vezes durante a noite, relembrando os benefícios de buscar refúgio. Para que nunca nos esqueçamos das Três Joias, devemos nos refugiar uma vez a cada quatro horas ou, pelo menos, três vezes durante o dia e três vezes durante a noite. Se nunca nos esquecermos das Três Joias e contemplarmos regularmente os benefícios de buscar refúgio, obteremos realizações rapidamente. Devemos agir como um homem de negócios que nunca esquece seus projetos mesmo nos momentos de descontração.

11. Realizar todas as ações com plena confiança nas Três Joias. Devemos sempre confiar nas Três Joias em qualquer coisa que façamos. Assim, todas as nossas ações serão bem-sucedidas. Não é necessário buscar bênçãos e inspiração em deuses mundanos, mas devemos sempre tentar receber as bênçãos de Buda, Dharma e Sangha, fazendo-lhes oferendas e pedidos.

12. Nunca abandonar as Três Joias, mesmo à custa da própria vida ou por brincadeira. Nunca devemos abandonar as Três Joias porque buscar refúgio é a base de todas as realizações de Dharma. Certa vez, um budista foi capturado e seu inimigo lhe disse: "Abandona teu refúgio em Buda ou te matarei". O budista se recusou a abandonar seu refúgio e foi morto; no entanto, clarividentes viram que ele renasceu imediatamente como um deus.

Apêndice II

Prece Libertadora

LOUVOR A BUDA SHAKYAMUNI

&

Sutra Mahayana dos Três Montes Superiores

Prece Libertadora

LOUVOR A BUDA SHAKYAMUNI

Ó Abençoado, Shakyamuni Buda,
Precioso tesouro de compaixão,
Concessor de suprema paz interior,

Tu, que amas todos os seres sem exceção,
És a fonte de bondade e felicidade,
E nos guias ao caminho libertador.

Teu corpo é uma joia-que-satisfaz-os-desejos,
Tua fala é um néctar purificador e supremo
E tua mente, refúgio para todos os seres vivos.

Com as mãos postas, me volto para ti,
Amigo supremo e imutável,
E peço do fundo do meu coração:

Por favor, concede-me a luz de tua sabedoria
Para dissipar a escuridão da minha mente
E curar o meu *continuum* mental.

Por favor, me nutre com tua bondade,
Para que eu possa, por minha vez, nutrir todos os seres
Com um incessante banquete de deleite.

Por meio de tua compassiva intenção,
De tuas bênçãos e feitos virtuosos
E por meu forte desejo de confiar em ti,

Que todo o sofrimento rapidamente cesse,
Que toda a felicidade e alegria aconteçam
E que o sagrado Dharma floresça para sempre.

Cólofon: Esta prece foi escrita por Venerável Geshe Kelsang Gyatso e é recitada no início de ensinamentos, meditações e preces nos Centros Budistas Kadampa em todo o mundo.

Sutra Mahayana dos Três Montes Superiores

INTRODUÇÃO

Um dos mais poderosos métodos para purificar carma negativo é a prática associada ao *Sutra Mahayana dos Três Montes Superiores*, também conhecida como *A Confissão Bodhisattva das Quedas Morais*.

Segue-se, agora, o texto-raiz do sutra e uma breve explicação sobre a prática. Uma explicação mais detalhada sobre esta prática pode ser encontrada no livro *O Voto Bodhisattva*.

Sutra Mahayana dos Três Montes Superiores

Namo: *A Confissão Bodhisattva das Quedas Morais*

Eu, que me chamo ... , sempre busco refúgio no Guru, busco refúgio em Buda, busco refúgio no Dharma, busco refúgio na Sangha.

Ao Mestre, o Abençoado, Tathagata, Destruidor de Inimigos, Buda Completamente Perfeito, Glorioso Conquistador Shakyamuni, eu me prostro.

Ao Tathagata Completo Subjugador com a Essência do Vajra, eu me prostro.

Ao Tathagata Joia de Luz Radiante, eu me prostro.

Ao Tathagata Poderoso Rei dos Nagas, eu me prostro.

Ao Tathagata Líder dos Heróis, eu me prostro.

Ao Tathagata Prazer Glorioso, eu me prostro.

Ao Tathagata Joia Fogo, eu me prostro.

Ao Tathagata Joia Luar, eu me prostro.

Ao Tathagata Contemplações Significativas, eu me prostro.

Ao Tathagata Joia Lua, eu me prostro.

Ao Tathagata O Imaculado, eu me prostro.

Ao Tathagata Doador de Glória, eu me prostro.

Ao Tathagata O Puro, eu me prostro.

Ao Tathagata que Transforma com Pureza, eu me prostro.

Ao Tathagata Deidade Água, eu me prostro.

Ao Tathagata Deus das Deidades Água, eu me prostro.

Ao Tathagata Excelência Gloriosa, eu me prostro.

Ao Tathagata Sândalo Glorioso, eu me prostro.

Ao Tathagata Esplendor Infinito, eu me prostro.

Ao Tathagata Luz Gloriosa, eu me prostro.

Ao Tathagata O Glorioso Sem Pesar, eu me prostro.

Ao Tathagata Filho Sem Ânsia, eu me prostro.

Ao Tathagata Flor Gloriosa, eu me prostro.

Ao Tathagata que Conhece Claramente através do Deleite da Radiância Pura, eu me prostro.

Ao Tathagata que Conhece Claramente através do Deleite da Radiância do Lótus, eu me prostro.

Ao Tathagata Riqueza Gloriosa, eu me prostro.

Ao Tathagata Contínua-Lembrança Gloriosa, eu me prostro.

Ao Tathagata Nome Glorioso de Grande Renome, eu me prostro.

Ao Tathagata Rei do Estandarte da Vitória, Líder dos Poderosos, eu me prostro.

Ao Tathagata O Glorioso Completo Subjugador, eu me prostro.

Ao Tathagata Grande Vencedor na Batalha, eu me prostro.

Ao Tathagata O Glorioso Completo Subjugador que Passou Além, eu me prostro.

Ao Tathagata Hoste Gloriosa que Tudo Ilumina, eu me prostro.

Ao Tathagata Joia Lótus Grande Subjugador, eu me prostro.

Ao Tathagata Destruidor de Inimigos, Buda Completamente Perfeito, Rei do Monte Meru, Sentado Firmemente numa Joia e num Lótus, eu me prostro.

Ó todos vós, [Tathagatas], e todos os outros, sejam quantos forem os Tathagatas, os Destruidores de Inimigos, os Budas Completamente Perfeitos, os Abençoados, que moram e permanecem em todos os reinos mundanos das dez direções, todos vós, Budas, os Abençoados, por favor, ouvi-me.

Nesta e em todas as minhas vidas, desde tempos sem início, em todos os lugares onde renasci desde que vago pelo samsara, eu cometi ações negativas, ordenei que fossem cometidas e regozijei--me em sua execução. Roubei os pertences das bases de oferenda, os pertences da Sangha e os pertences das Sanghas das dez direções, ordenei que fossem roubados e regozijei-me em seu roubo. Cometi as cinco ações hediondas ilimitadas, ordenei que fossem cometidas e regozijei-me em sua execução. Enveredei completamente pelos caminhos das dez ações não virtuosas, ordenei que os outros enveredassem por eles e regozijei-me quando o fizeram.

Obstruído por esses impedimentos cármicos, irei me tornar um ser-inferno ou nascerei como animal ou irei para as terras dos espíritos famintos ou nascerei como um bárbaro num país sem religião, ou nascerei como um deus de longa vida, ou terei faculdades incompletas, ou sustentarei visões errôneas ou não terei nenhuma oportunidade de agradar a um Buda.

Todas essas obstruções cármicas, eu as declaro na presença dos Budas, dos Abençoados, que se tornaram excelsa sabedoria, que se tornaram "olhos", que se tornaram testemunhas, que se tornaram válidos, que veem com sua sabedoria. Eu confesso, sem dissimular nem esconder nada, e de agora em diante vou evitar tais ações e abster-me delas.

Ó todos vós, Budas, os Abençoados, por favor, ouvi-me. Nesta e em todas as minhas vidas anteriores, desde tempos sem início, em todos os lugares onde renasci desde que vago pelo samsara, qualquer raiz de virtude que exista em meus atos de doar aos outros, até mesmo dar um pouco de comida para alguém nascido animal; qualquer raiz de virtude que exista em minha manutenção de disciplina moral; qualquer raiz de virtude que exista em minhas ações conducentes à grande libertação; qualquer raiz de virtude que exista em minha atuação para fazer amadurecer plenamente os seres sencientes; qualquer raiz de virtude que exista em eu gerar a mente suprema de iluminação; e qualquer raiz de virtude que exista em minha insuperável excelsa sabedoria – tudo isso reunido, agrupado e coletado, dedicando tudo plenamente ao insuperável, ao que não há nada que seja mais elevado, ao que é até mesmo mais elevado do que o elevado, e ao que supera o insuperável, eu dedico plenamente à insuperável, perfeita e completa iluminação.

Assim como os Budas, os Abençoados do passado dedicaram plenamente, assim como os Budas, os Abençoados ainda por vir irão dedicar plenamente e, assim como os Budas, os Abençoados que vivem hoje dedicam plenamente, também eu dedico plenamente.

Confesso todas e cada uma das ações negativas. Regozijo-me em todo o mérito. Rogo e peço a todos os Budas. Que eu alcance a sagrada, suprema, insuperável e excelsa sabedoria.

Quaisquer que sejam os Conquistadores, os seres supremos que vivem hoje, aqueles do passado, bem como aqueles que ainda estão por vir – com um oceano ilimitado de preces por todas as vossas boas qualidades e com as palmas das mãos unidas, de vós eu me aproximo para me refugiar.

Isto conclui o Sutra Mahayana intitulado *Sutra dos Três Montes Superiores.*

EXPLICAÇÃO DA PRÁTICA

Este Sutra é denominado *Sutra dos Três Montes Superiores* porque contém três "montes", ou coleções, de virtude: prostração, purificação e dedicatória. Nessa prática, visualizamos Trinta e Cinco Budas Confessionais e praticamos purificação na presença deles. Em geral, todos os Budas têm o poder de proteger os seres vivos contra o sofrimento e o carma negativo. No entanto, devido às preces e dedicatórias que esses Trinta e Cinco Budas fizeram quando eram Bodhisattvas, eles têm uma conexão cármica especial com os seres humanos deste mundo. Pelo poder de suas bênçãos e de suas preces, podemos purificar rapidamente até mesmo as mais pesadas ações negativas, simplesmente pela recitação fervorosa de seus nomes.

Para aumentar nosso entusiasmo por práticas de purificação e também para aumentar nossa fé e respeito pelos Budas, podemos contemplar o seguinte:

> *Todos os problemas que tenho vivido desde tempos sem início e todos os problemas que irei viver no futuro são o resultado de meu carma negativo. Por essa razão, nada pode ser mais benéfico que praticar purificação sinceramente.*
>
> *Os Budas são testemunhas perfeitas para a prática de confissão. Pelo poder de suas bênçãos, é possível purificar todo o carma negativo que tenho acumulado desde tempos sem início. Essa oportunidade de me empenhar em purificação é unicamente devida à bondade dos Budas*

No espaço a nossa frente, visualizamos Buda Shakyamuni sentado em um trono adornado com joias, sustentado por oito elefantes brancos, que simbolizam o poder da purificação. Diante de Buda, estão os restantes 34 Budas, sentados em cinco fileiras. Na primeira fileira, a mais próxima de Buda Shakyamuni, estão os primeiros seis Budas, dispostos da nossa esquerda para a nossa direita. Diante deles, os restantes 28 Budas estão dispostos em quatro fileiras – em cada fileira, há sete Budas; e cada fileira está adiante e levemente abaixo da anterior. Todos esses Budas sentam-se em tronos adornados com joias e sobre almofadas de lótus, lua e sol. Essa assembleia de Trinta e Cinco Budas Confessionais está rodeada por todos os Budas e Bodhisattvas das dez direções.

Devemos saber o nome de cada Buda, assim como o mundo que cada um preside, a cor de seu corpo, a posição e os gestos de suas mãos, os objetos que seguram e o carma negativo específico que é purificado pela recitação de seu nome. A posição e os gestos de suas mãos, bem como os objetos que cada Buda segura, podem ser aprendidos pelo estudo das ilustrações neste livro e no livro *O Voto Bodhisattva*. As demais características estão listadas no livro *O Voto Bodhisattva*.

Focando nossa mente na assembleia visualizada dos Trinta e Cinco Budas e reconhecendo-os como a essência de todas as Joias Buda, Joias Dharma e Joias Sangha, geramos profunda fé e buscamos refúgio enquanto recitamos os versos introdutórios do Sutra. Depois, com a forte fé e convicção que desenvolvemos ao buscar refúgio, fazemos prostrações físicas enquanto recitamos o nome de cada Buda, como um pedido para que purifiquem nosso carma negativo.

Há três maneiras de se fazer prostrações físicas. Podemos fazer prostrações inteiras, prostrando todo o nosso corpo no chão; podemos fazer meia prostração, ajoelhando-nos respeitosamente e tocando as palmas das mãos e nossa testa no chão; ou podemos fazer um gesto de respeito, como juntar as palmas das mãos na altura do coração.

Podemos fazer uma prostração para cada Buda conforme recitamos seu nome e, depois, repetir o ciclo quantas vezes desejarmos. Alternativamente, podemos fazer um determinado número de prostrações – por exemplo, 7, 21 ou 100 prostrações – para o primeiro Buda enquanto recitamos seu nome e, depois, prosseguir fazendo o mesmo número de prostrações para o segundo Buda, e assim por diante. Se fizermos isso, provavelmente não seremos capazes de concluir as prostrações para todos os Trinta e Cinco Budas em uma única sessão; neste caso, simplesmente começamos a próxima sessão de onde paramos.

Após recitarmos os nomes dos Budas juntamente com as prostrações, podemos continuar a nos prostrar ou podemos nos sentar enquanto recitamos o restante do Sutra. Pedimos aos seres sagrados que nos deem sua atenção e testemunhem nossa confissão. Reconhecemos e admitimos que, no passado, cometemos muitas ações negativas pesadas, e, com grande remorso, confessamos todas elas na presença dos seres sagrados. Geramos um forte arrependimento ao contemplar o destino que nos aguarda se não purificarmos essas ações e, então, praticamos um método especial para purificá-las. Visualizamos, em nosso coração, todos os potenciais de nossas ações negativas sob a forma de uma letra PAM preta. Imaginamos, então, que o carma negativo de todos os seres vivos reúne-se sob o aspecto de uma fumaça e que se dissolve na letra PAM; depois, pensamos que a letra PAM se tornou a essência de toda a nossa própria negatividade e de toda a negatividade dos outros. Imaginamos que luzes brancas de sabedoria e néctares descem do coração dos Trinta e Cinco Budas e entram em nosso corpo, pela coroa de nossa cabeça. Quando essas luzes e néctares alcançam a letra PAM, ela é destruída totalmente, assim como a luz destrói a escuridão tão logo uma lâmpada é acesa. Acreditamos firmemente que todo o nosso carma negativo, criado desde tempos sem início, foi purificado. As luzes-sabedoria permeiam nosso corpo e mente, aumentam nosso tempo de vida, boa fortuna, nosso vigor físico e mental e nossas realizações de Dharma.

Concluímos nossa purificação fazendo a promessa de evitar e de nos abster de ações negativas no futuro. Alguns praticantes conseguem prometer se restringir de qualquer queda moral ou ação negativa pelo resto de suas vidas e, por se apoiarem em contínua-lembrança, conscienciosidade e vigilância, nunca quebram essa promessa. Se não somos ainda capazes de fazer uma promessa como essa, devemos, primeiramente, prometer nos abster de todas as ações negativas durante uma semana, por exemplo;

depois, gradualmente, ampliamos a duração de nossa abstenção para um mês, um ano, e assim por diante, até que possamos prometer nos abster pelo resto de nossa vida. É importante manter qualquer promessa que tenhamos feito aos Budas e ao nosso Guia Espiritual, pois promessas quebradas são sérios obstáculos ao nosso progresso espiritual.

Após a purificação, praticamos a dedicatória, de modo que nossa prática produza, por fim, grandes e poderosos resultados no futuro. Começamos pedindo aos Budas que testemunhem nossa dedicatória. Então, para a aquisição do Corpo-Forma e do Corpo-Verdade de um Buda, dedicamos todas as nossas próprias virtudes e todas as virtudes dos outros, de modo que sejamos capazes de beneficiar todos os seres vivos.

Concluímos a recitação do Sutra com uma breve prece em que nos confessamos, regozijamos, rogamos aos Budas que não morram e pedimos a eles que girem a Roda do Dharma. As virtudes dessa breve prece são dedicadas para a aquisição da sagrada, suprema, insuperável e excelsa sabedoria – em outras palavras, a sabedoria onisciente de Buda. As últimas linhas do Sutra ensinam, explicitamente, o refúgio nos Budas dos três tempos e, implicitamente, revelam o refúgio em Dharma e Sangha. O significado essencial dessas linhas é que a prática dos três montes superiores – prostração, purificação e dedicatória – devem ser associadas com o refúgio nas Três Joias.

A melhor maneira de evitarmos cometer ações negativas ou de incorrermos em quedas morais é manter, sempre, um bom coração por meio da prática das 21 meditações explicadas no livro *Novo Manual de Meditação*. O melhor método para purificar ações negativas e quedas morais já acumuladas é praticar o *Sutra dos Três Montes Superiores*. Com essas duas práticas, seremos capazes de proteger a totalidade de nosso estilo de vida bodhisattva.

Glossário

Agarramento ao em-si Mente conceitual que sustenta qualquer fenômeno como sendo inerentemente existente. A mente de agarramento ao em-si dá surgimento a todas as demais delusões, como a raiva e o apego. É a causa-raiz de todo sofrimento e insatisfação. Consultar *Como Transformar a sua Vida, Budismo Moderno* e *Novo Coração de Sabedoria.*

Aparência dual Aparência de um objeto à mente juntamente com a aparência da existência inerente do objeto. Consultar *Budismo Moderno* e *Contemplações Significativas.*

Apego Fator mental deludido que observa um objeto contaminado, considera-o como causa de felicidade e quer possuí-lo. Consultar *Caminho Alegre da Boa Fortuna* e *Como Entender a Mente.*

Autoapreço Atitude mental que faz com que alguém se considere supremamente importante e precioso. O autoapreço é identificado como o objeto principal a ser abandonado pelos Bodhisattvas. Consultar *Budismo Moderno* e *Novo Oito Passos para a Felicidade.*

Avalokiteshvara A corporificação da compaixão de todos os Budas. Em tibetano, ele é chamado *Chenrezig*. Consultar *Viver Significativamente, Morrer com Alegria* e *O Espelho do Dharma com Adições*

Bardo Ver *estado intermediário*.

Bênção Transformação da mente de um estado negativo para um estado positivo, de um estado infeliz para um estado feliz, ou de um estado de fraqueza para um estado de vigor, por meio da inspiração dos seres sagrados, como nosso Guia Espiritual, os Budas e os Bodhisattvas.

Bodhichitta Palavra sânscrita para "mente de iluminação". *Bodhi* significa "iluminação", e *chitta* significa "mente". Existem dois tipos de bodhichitta: bodhichitta convencional e bodhichitta última. Em linhas gerais, o termo "bodhichitta" refere-se à bodhichitta convencional, que é uma mente primária motivada por grande compaixão que busca, espontaneamente, a iluminação para beneficiar todos os seres vivos. Há dois tipos de bodhichitta convencional: a bodhichitta aspirativa e a bodhichitta de compromisso. A bodhichitta última é uma sabedoria que, motivada pela bodhichitta convencional, realiza diretamente a vacuidade, a natureza última dos fenômenos. Consultar *Caminho Alegre da Boa Fortuna*, *O Espelho do Dharma com Adições* e *Budismo Moderno*.

Bodhichitta aspirativa A bodhichitta que é o mero desejo de alcançar a iluminação para o benefício de todos os seres vivos.

Bodhichitta de compromisso Após termos tomado o voto bodhisattva, nossa bodhichitta aspirativa transforma-se na bodhichitta de compromisso, uma mente que realmente está comprometida com as práticas que conduzem à iluminação.

Bodhisattva Alguém que gerou a bodhichitta espontânea, mas ainda não se tornou um Buda. A partir do instante que um praticante gera a bodhichitta não artificial, ou espontânea, ele, ou ela, se torna um Bodhisattva e ingressa no primeiro caminho mahayana, o Caminho da Acumulação. Bodhisattva comum é aquele que ainda não realizou a vacuidade diretamente e Bodhisattva superior é quem já o fez. Consultar *Caminho Alegre da Boa Fortuna* e *Contemplações Significativas*.

Brahma Deus mundano que habita o primeiro reino da forma. Consultar *Oceano de Néctar*.

Buda Um ser que abandonou completamente todas as delusões e suas marcas. Todo ser vivo tem o potencial de se tornar um Buda. Consultar *Budismo Moderno* e *Caminho Alegre da Boa Fortuna*.

Buda Shakyamuni O quarto Buda dentre mil Budas fundadores que irão aparecer neste mundo durante este Éon Afortunado. Os três primeiros Budas foram Krakuchchhanda, Kanakamuni e Kashyapa. O quinto Buda será Maitreya.

Budadharma Ver *Dharma*.

Budismo Kadampa Budismo Kadampa Escola budista mahayana fundada pelo grande mestre budista indiano Atisha (982-1054). Ver também *Kadampa* e *Tradição Kadampa*. Consultar *Budismo Moderno*.

Caminho/Caminho espiritual Uma excelsa percepção associada com renúncia espontânea, ou não fabricada. *Caminho espiritual*, *solo espiritual*, *veículo espiritual* e *excelsa percepção* são sinônimos. Ver também *solo/solo espiritual*. Consultar *Mahamudra Tantra*, *Oceano de Néctar* e *Solos e Caminhos Tântricos*.

Canal central O canal principal no centro de nosso corpo, onde as rodas-canais estão localizadas. Consultar *Clara-Luz de Êxtase* e *Solos, Mahamudra-Tantra* e *Budismo Moderno*.

Clara-luz Mente muito sutil manifesta que percebe uma aparência de espaço vazio e claro. Consultar *Clara-Luz de Êxtase, Mahamudra-Tantra* e *Budismo Moderno.*

Clarividência Habilidade que surge de uma concentração especial. Há cinco tipos principais: clarividência do olho divino, a habilidade de ver formas sutis e distantes; clarividência do ouvido divino, a habilidade de ouvir sons sutis e distantes; clarividência dos poderes miraculosos, a habilidade de emanar várias formas com a mente; clarividência de conhecer vidas passadas; e clarividência de conhecer mentes alheias. Alguns seres, como os do bardo e alguns humanos e espíritos, têm clarividência contaminada, que se desenvolve devido ao carma, mas isso não é clarividência verdadeira.

Coleção de mérito Ação virtuosa motivada por bodhichitta e que é a causa principal para obter o Corpo-Forma de um Buda. Exemplos: fazer oferendas e prostrações aos seres sagrados com a motivação de bodhichitta e praticar as perfeições de dar, disciplina moral e paciência.

Coleção de sabedoria Ação mental virtuosa motivada por bodhichitta que é a causa principal para se obter o Corpo-Verdade de um Buda. Exemplos: ouvir e contemplar a vacuidade e meditar sobre ela com a motivação de bodhichitta.

Concentração semelhante-a-um-vajra O último instante do Caminho Mahayana da Meditação. É o antídoto às obstruções muito sutis à onisciência. No momento seguinte, o meditador alcança o Caminho Mahayana do Não-Mais-Aprender, ou Budeidade.

Confissão Purificação de carma negativo por meio dos quatro poderes oponentes – o poder da confiança, do arrependimento, do antídoto e da promessa. Consultar *O Voto Bodhisattva.*

Conhecedor válido Conhecedor que é não enganoso com respeito ao seu objeto conectado. Existem dois tipos de conhecedor válido: conhecedores válidos subsequentes e conhecedores válidos diretos. Consultar *Novo Coração de Sabedoria* e *Como Entender a Mente.*

Conscienciosidade Fator mental que, mediante esforço, aprecia o que é virtuoso e protege a mente contra delusões e não-virtudes. Consultar *Contemplações Significativas* e *Como Entender a Mente.*

Contentamento Sentir-se satisfeito com suas próprias condições exteriores e interiores, motivado por uma intenção virtuosa.

Contínua-lembrança Fator mental cuja função é não esquecer o objeto realizado pela mente primária. Consultar *Clara-Luz de Êxtase, Contemplações Significativas e Como Entender a Mente.*

Corpo-emanação supremo Um corpo-emanação especial que possui os 32 sinais maiores e as oitenta indicações menores. Um ser comum só conseguirá perceber esse corpo se tiver um carma muito puro. Consultar *Caminho Alegre da Boa Fortuna.*

Corpos de Buda Um Buda possui quatro corpos: o Corpo-Verdade-Sabedoria, o Corpo-Natureza, o Corpo-de-Deleite e os Corpos-Emanação. O primeiro é a mente de um Buda e o segundo, a vacuidade ou natureza última dessa mente. O terceiro é seu Corpo-Forma efetivo, que é muito sutil. O quarto é constituído pelas inúmeras emanações de um Buda; são Corpos-Forma mais densos e podem ser vistos pelos seres comuns. O Corpo-Verdade-Sabedoria e o Corpo-Natureza estão incluídos no Corpo-Verdade (*Dharmakaya*, em sânscrito), e o Corpo-de-Deleite e os Corpos-Emanação fazem parte do Corpo-Forma. Consultar *Caminho Alegre da Boa Fortuna* e *Oceano de Néctar.*

Dedicatória A dedicatória é, por natureza, um fator mental virtuoso; é a intenção virtuosa que atua para impedir que a virtude acumulada se degenere bem como para causar seu aumento. Consultar *Caminho Alegre da Boa Fortuna.*

Delusão Fator mental que surge a partir de atenção imprópria e serve para tornar nossa mente agitada e descontrolada. Existem três delusões principais: ignorância, apego e ódio. Delas, nascem todas as demais – inveja, orgulho, dúvida deludida etc. Consultar *Caminho Alegre da Boa Fortuna* e *Como Entender a Mente.*

Delusões inatas Aquelas que surgem naturalmente, sem especulação intelectual. Consultar *Como Entender a Mente.*

Delusões intelectualmente formadas Aquelas que surgem como resultado de raciocínios incorretos ou dogmas equivocados. Consultar *Como Entender a Mente.*

Demônio *Mara,* em sânscrito. Tudo o que obstrui a aquisição da libertação ou da iluminação. Há quatro tipos principais: demônio das delusões, demônio dos agregados contaminados, demônio da morte descontrolada e demônios Devaputra. Entre eles, só os últimos são seres sencientes. O principal demônio Devaputra é Ishvara irado, o mais elevado dos deuses do reino do desejo, que mora na Terra Controladora de Emanações. Buda é chamado de "Conquistador" por ter derrotado esses quatro tipos de demônios. Consultar *Novo Coração de Sabedoria.*

Destruidor de Inimigos *Arhat,* em sânscrito. Refere-se a um praticante que abandonou todas as delusões e suas sementes por meio de treinar em caminhos espirituais e que nunca mais renascerá no samsara. Neste contexto, o termo "inimigo" refere-se às delusões.

Deus *Deva*, em sânscrito. Um ser do reino dos deuses, o mais elevado dos seis reinos do samsara. Existem muitos tipos diferentes de deuses. Alguns são deuses do reino do desejo, ao passo que outros são deuses do reino da forma ou do reino da sem-forma. Consultar *Caminho Alegre da Boa Fortuna*.

Dez direções As quatro direções cardeais, as quatro direções intermediárias e as direções para cima e para baixo.

Dharma Os ensinamentos de Buda e as realizações interiores obtidas na dependência da prática desses ensinamentos. *Dharma* significa "proteção". Por praticar os ensinamentos de Buda, nos protegemos de sofrimentos e problemas.

Dharmakaya Termo sânscrito para designar o Corpo-Verdade de um Buda.

Dharmapala Termo sânscrito para "Protetor do Dharma". Uma manifestação de um Buda ou de um Bodhisattva, cuja função principal é eliminar obstáculos e reunir todas as condições necessárias para praticantes de Dharma puros. Consultar *Joia-Coração*.

Equilíbrio meditativo Concentração estritamente focada num objeto virtuoso, como a vacuidade. Consultar *Oceano de Néctar*.

Estado intermediário *Bardo*, em tibetano. O estado entre a morte e o próximo renascimento. Começa no instante em que a consciência deixa o corpo e termina quando ela ingressa no corpo da próxima vida. Consultar *Caminho Alegre da Boa Fortuna*.

Etapas do Caminho Ver *Lamrim*.

Excelsa sabedoria Uma realização espiritual que conhece perfeitamente a natureza de seu principal objeto. Também chamada de "excelsa percepção". Ver também *caminho/caminho espiritual*.

Fator mental Conhecedor que apreende, principalmente, um atributo particular de um objeto. Há 51 fatores mentais específicos. Cada momento da mente contém uma mente primária e vários fatores mentais. Consultar *Como Entender a Mente.*

Fé Mente naturalmente virtuosa cuja função é opor-se à percepção de falhas em seu objeto observado. Existem três tipos de fé: fé de acreditar, fé de admirar e fé de almejar, ou fé desiderativa. Consultar *Como Transformar a sua Vida*, *Como Entender a Mente* e *Budismo Moderno.*

Geshe Título concedido pelos monastérios kadampa para eruditos budistas realizados. Geshe é uma abreviação de *ge wai she nyem* que, em tibetano, significa literalmente "amigo virtuoso".

Geshe Langri Tangpa (1054–1123) Um grande professor kadampa, famoso por sua realização de trocar eu por outros. Ele escreveu *Oito Estrofes do Treino da Mente.* Consultar *Novo Oito Passos para a Felicidade.*

Guia Espiritual *Guru*, em sânscrito, e *Lama*, em tibetano. Um professor que nos guia ao longo do caminho espiritual. Consultar *Caminho Alegre da Boa Fortuna* e *Grande Tesouro de Mérito.*

Grande libertação Grande iluminação, ou Budeidade.

Hinayana Termo sânscrito para "Pequeno Veículo". A meta hinayana é meramente a conquista, para si próprio, da libertação do sofrimento, obtida pelo completo abandono das delusões. Consultar *Caminho Alegre da Boa Fortuna.*

Imagem genérica Objeto aparecedor de uma mente conceitual. Consultar *Novo Coração de Sabedoria* e *Como Entender a Mente.*

Imputação, mera De acordo com a mais elevada escola filosófica budista, a escola Madhyamika-Prasangika, todos os fenômenos são meramente imputados por concepção na dependência de suas bases de imputação. Por essa razão, eles são meras imputações e não existem do seu próprio lado de modo algum. Consultar *Como Transformar a sua Vida*, *Budismo Moderno* e *Novo Coração de Sabedoria*.

Indra Um deus mundano. Consultar *Novo Coração de Sabedoria*.

Intenção Fator mental que atua para mover sua mente primária para o objeto. Dos três tipos de carma, ou ação (ações físicas, ações verbais e ações mentais), a intenção é, ela própria, ação mental. No entanto, ela é também a causa das ações físicas e verbais. Consultar *Como Entender a Mente*.

Inveja Fator mental deludido que sente desprazer quando observa os prazeres, boas qualidades ou boa sorte dos outros. Consultar *Como Entender a Mente*.

Je Tsongkhapa (1357–1419) Je Tsongkhapa foi uma emanação do Buda da Sabedoria Manjushri. Sua aparição no século XIV como um monge e detentor da linhagem da visão pura e de feitos puros, no Tibete, foi profetizada por Buda. Je Tsongkhapa difundiu um Budadharma muito puro por todo o Tibete, mostrando como combinar as práticas de Sutra e de Tantra e como praticar o puro Dharma durante tempos degenerados. Sua tradição ficou conhecida posteriormente como *Gelug* ou "Tradição Ganden". Consultar *Joia-Coração*, *Grande Tesouro de Mérito* e *O Espelho do Dharma com Adições*.

Kadampa Palavra tibetana na qual "Ka" significa "palavra" e refere-se a todos os ensinamentos de Buda; "dam" refere-se às instruções de Lamrim especiais de Atisha, conhecidas como "as etapas do caminho à iluminação"; e "pa" refere-se ao seguidor do Budismo Kadampa, que integra em sua prática de Lamrim todos os ensinamentos de Buda que ele conhece. Ver também *Budismo Kadampa* e *Tradição Kadampa.*

Lamrim Termo tibetano que significa literalmente "etapas do caminho". O Lamrim é uma organização especial de todos os ensinamentos de Buda, que é fácil de compreender e de ser colocado em prática. Ele revela todas as etapas do caminho à iluminação. Para um comentário completo ao Lamrim, consultar *Caminho Alegre da Boa Fortuna* e *Novo Manual de Meditação.*

Maitreya A corporificação da bondade amorosa de todos os Budas. No tempo de Buda Shakyamuni, Maitreya manifestou-se como um discípulo Bodhisattva a fim de mostrar, aos discípulos de Buda, como ser um perfeito discípulo mahayana. No futuro, Maitreya irá se manifestar como o quinto Buda fundador.

Maleabilidade mental Flexibilidade mental induzida por concentração virtuosa. Consultar *Como Entender a Mente.*

Mantra Termo sânscrito que significa literalmente "proteção da mente". O mantra protege a mente das aparências e concepções comuns. Existem quatro tipos de mantra: mantras que são mente, mantras que são vento interior, mantras que são som e mantras que são forma. Em geral, existem três tipos de recitação de mantra: recitação verbal, recitação mental e recitação vajra. Consultar *Budismo Moderno* e *Solos e Caminhos Tântricos.*

Mantra Secreto Sinônimo de Tantra. Os ensinamentos do Mantra Secreto diferem dos ensinamentos de Sutra por revelarem métodos de treinar a mente com o objetivo de trazer o resultado futuro – a Budeidade – para o caminho atual. Mantra Secreto é o caminho supremo à plena iluminação. O termo "mantra" indica que se trata de uma instrução especial de Buda para proteger a nossa mente das aparências e concepções comuns. Os praticantes do Mantra Secreto superam as aparências e concepções comuns visualizando o seu corpo, ambiente, prazeres e atividades como sendo os de um Buda. O termo "secreto" indica que as práticas devem ser feitas reservadamente e apenas pelos que receberam uma iniciação tântrica. Consultar *Budismo Moderno*, *Mahamudra-Tantra* e *Solos e Caminhos Tântricos*.

Mara Ver *demônio*.

Marca(s) Existem dois tipos de marca: marcas das ações e marcas das delusões. Cada ação que fazemos deixa uma marca na consciência mental, e essas marcas são potencialidades cármicas para experienciar efeitos específicos no futuro. As marcas deixadas pelas delusões permanecem mesmo depois das próprias delusões terem sido removidas, do mesmo modo que o cheiro de alho permanece num recipiente depois do alho ter sido removido. As marcas das delusões são obstruções à onisciência e são completamente abandonadas apenas pelos Budas.

Mente conceitual Pensamento que apreende seu objeto através de uma imagem genérica. Consultar *Como Entender a Mente*.

Mente não conceitual Conhecedor para o qual seu objeto aparece com clareza, sem estar misturado com uma imagem genérica. Consultar *Como Entender a Mente*.

Mente primária Conhecedor que apreende, principalmente, a mera entidade de um objeto. *Consciência* e *mente primária* são sinônimos. Existem seis mentes primárias: consciência visual, consciência auditiva, consciência olfativa, consciência gustativa, consciência tátil e consciência mental. Cada momento da mente contém uma mente primária e vários fatores mentais. Uma mente primária e seus fatores mentais acompanhantes são a mesma entidade, mas atuam (ou funcionam) de maneiras diferentes. Consultar *Como Entender a Mente*.

Mérito Boa sorte criada por ações virtuosas. É um poder potencial para aumentar nossas boas qualidades e produzir felicidade.

Nagarjuna Grande erudito budista indiano e mestre de meditação que reviveu o Mahayana no primeiro século por trazer à luz os ensinamentos dos *Sutras Perfeição de Sabedoria*. Consultar *Novo Coração de Sabedoria* e *Oceano de Néctar*.

Natureza búdica Mente raiz de um ser vivo e sua natureza última. Natureza búdica, linhagem búdica e semente búdica são sinônimos. Todos os seres vivos possuem a natureza búdica e, portanto, têm o potencial para alcançar a Budeidade. Consultar *Mahamudra-Tantra*.

Natureza convencional e natureza última Todos os fenômenos possuem duas naturezas – uma natureza convencional e uma natureza última. Por exemplo, a natureza convencional de uma mesa é a própria mesa, seu formato, sua cor, sua altura etc. A ausência de existência inerente da mesa é a sua natureza última. A natureza convencional de um fenômeno é uma verdade convencional e sua natureza última, uma verdade última. Consultar *Budismo Moderno*.

Nova Tradição Kadampa-União Budista Kadampa Internacional (NKT-IKBU) A união dos Centros Budistas Kadampas, uma associação internacional de centros de estudo e meditação, que seguem a pura tradição do Budismo Mahayana originada dos meditadores e eruditos budistas Atisha e Je Tsongkhapa, apresentada ao mundo moderno pelo professor budista Venerável Geshe Kelsang Gyatso Rinpoche.

Nove permanências mentais Nove níveis de concentração que conduzem ao tranquilo-permanecer: posicionamento da mente; contínuo-posicionamento; reposicionamento; estreito posicionamento; controle; pacificação; completa pacificação; estritamente focado; e posicionamento em equilíbrio. Consultar *Caminho Alegre da Boa Fortuna* e *Contemplações Significativas.*

Objeto de negação Objeto explicitamente negado por uma mente que compreende ou realiza um fenômeno negativo. Na meditação sobre a vacuidade – ou ausência de existência inerente –, se refere à existência inerente. Também conhecido como "objeto negado". Consultar *Novo Coração de Sabedoria.*

Obstruções à iluminação As marcas das delusões, que impedem a realização direta e simultânea de todos os fenômenos. Também conhecidas como "obstruções à onisciência". Somente os Budas superaram essas obstruções.

Obstruções à libertação Obstruções que impedem a conquista da libertação. Todas as delusões (como ignorância, apego e raiva), juntamente com suas sementes, são obstruções à libertação. Também são denominadas "delusões-obstruções".

Percepção mental Todas as mentes estão incluídas nas cinco percepções sensoriais e na percepção mental. Existem dois tipos de percepção mental: percepção mental conceitual e percepção mental não conceitual. *Percepção mental conceitual* e *mente conceitual* são sinônimos. Consultar *Como Entender a Mente.*

Percepção sensorial Todas as mentes estão incluídas nas percepções sensoriais e na percepção mental. Existem cinco tipos de percepção sensorial: percepção visual, percepção auditiva, percepção olfativa, percepção gustativa e percepção tátil. Consultar *Como Entender a Mente.*

Poderes miraculosos Ver *clarividência.*

Prostração Ação por meio da qual demonstramos respeito com o corpo, a fala ou a mente. Consultar *O Voto Bodhisattva.*

Puja Cerimônia na qual são feitas, diante de seres sagrados, oferendas e outros atos de devoção.

Purificação Em geral, qualquer prática que nos conduza a obter um corpo puro, uma fala pura ou uma mente pura. Mais especificamente, a prática para purificar carma negativo por meio dos quatro poderes oponentes. Consultar *O Voto Bodhisattva* e *Caminho Alegre da Boa Fortuna.*

Quatro Nobres Verdades Verdadeiros sofrimentos, verdadeiras origens, verdadeiras cessações e verdadeiros caminhos. Elas são denominadas "nobres" porque são objetos supremos de meditação. Meditando sobre elas podemos realizar a verdade última diretamente e nos tornar um Ser Superior, ou Nobre. Às vezes elas são chamadas de "as quatro verdades dos Superiores". Consultar *Como Solucionar Nossos Problemas Humanos*, *Caminho Alegre da Boa Fortuna* e *Budismo Moderno.*

Realização Experiência estável e não equivocada de um objeto virtuoso, que nos protege diretamente do sofrimento.

Reino da forma O ambiente dos deuses que possuem forma e que são superiores aos deuses do reino do desejo. O reino da forma é assim denominado porque os deuses que habitam esse reino têm formas sutis.

Reino da sem-forma O ambiente dos deuses que não possuem forma.

Reino do desejo O ambiente dos seres-do-inferno, espíritos famintos, animais, humanos, semideuses e dos deuses que desfrutam dos cinco objetos de desejo.

Roda-canal *Chakra*, em sânscrito. Um centro focal de onde os canais secundários saem do canal central. Meditar sobre esses pontos causa a entrada dos ventos interiores no canal central. Consultar *Clara-Luz de Êxtase* e *Solos* e *Mahamudra-Tantra*.

Sangha Segundo a tradição Vinaya, qualquer comunidade de quatro ou mais monges e monjas plenamente ordenados. Em geral, pessoas ordenadas ou leigas que tomaram os votos do Bodhisattva ou tântricos também podem ser consideradas Sangha. Consultar *Caminho Alegre da Boa Fortuna*.

Ser comum Qualquer pessoa que não realizou diretamente a vacuidade.

Ser vivo Qualquer ser que tenha a mente contaminada pelas delusões ou pelas marcas das delusões. Os termos "ser senciente" e "ser vivo" são termos utilizados para fazer a distinção entre os seres cujas mentes estão contaminadas pelas duas obstruções (ou por uma delas) e os Budas, cujas mentes são completamente livres das duas obstruções.

Ser Superior *Arya*, em sânscrito. Ser que possui uma realização direta da vacuidade. Existem Hinayanas superiores e Mahayanas superiores.

Shantideva (687–763) Grande erudito budista indiano e mestre de meditação. Escreveu *Guia do Estilo de Vida do Bodhisattva*. Consultar *Contemplações Significativas* e *Guia do Estilo de Vida do Bodhisattva*.

Solo/Solo espiritual Uma clara realização que serve de base para diversas boas qualidades. Clara realização é uma realização mantida por renúncia e bodhichitta espontâneas. Os dez solos são as realizações dos Bodhisattvas superiores. Ver também *caminho/caminho espiritual*. Consultar *Oceano de Néctar*.

Sutra Ensinamentos de Buda abertos para a prática de todos, sem necessidade de uma iniciação. Os ensinamentos de Sutra incluem os ensinamentos de Buda das três giros da Roda do Dharma. Consultar *Budismo Moderno.*

Sutras Perfeição de Sabedoria Sutras da segunda girada da Roda do Dharma, na qual Buda revelou sua visão final sobre a natureza última de todos os fenômenos – a vacuidade de existência inerente. Consultar *Novo Coração de Sabedoria* e *Oceano de Néctar.*

Tantra Ver *Mantra Secreto.*

Tempo degenerado Um período em que a atividade espiritual degenera.

Terra dos 33 Paraísos Uma das seis moradas dos deuses do reino do desejo. São elas, em sequência: Terra dos Quatro Grandes Reis, Terra dos 33 Paraísos, Terra sem Combate, Terra Alegre, Terra do Desfrute de Emanações e Terra Onde se Controlam Emanações.

Terra Pura Ambiente puro onde não há verdadeiros sofrimentos. Existem muitas Terras Puras. Por exemplo: Tushita é a Terra Pura de Buda Maitreya; Sukhavati é a Terra Pura de Buda Amitabha; e a Terra Dakini, ou Keajra, é a Terra Pura de Buda Vajrayogini e Buda Heruka. Consultar *Viver Significativamente, Morrer com Alegria.*

Tradição Kadampa A pura tradição do Budismo estabelecido por Atisha. Os seguidores dessa tradição, até a época de Je Tsongkhapa, são conhecidos como "Antigos Kadampas", e os seguidores após a época de Je Tsongkhapa são conhecidos como "Novos Kadampas". Ver também *Kadampa, Budismo Kadampa* e *Nova Tradição Kadampa.*

Tranquilo-permanecer Concentração que possui o êxtase especial da maleabilidade física e mental, obtida na dependência da conclusão das nove permanências mentais. Consultar *Caminho Alegre da Boa Fortuna* e *Contemplações Significativas.*

Transferência de consciência *Powa*, em tibetano. Uma prática para transferir a consciência para uma Terra Pura no momento da morte. Consultar *Viver Significativamente, Morrer com Alegria.*

Três Joias Os três objetos de refúgio: a Joia Buda, a Joia Dharma e a Joia Sangha. Eles são chamados de "Joias" porque são raros e preciosos. Consultar *Caminho Alegre da Boa Fortuna.*

Vacuidade Ausência de existência inerente, a natureza última de todos os fenômenos. Consultar *Budismo Moderno* e *Novo Coração de Sabedoria.*

Veículo/Veículo espiritual Uma excelsa percepção que conduz alguém ao seu destino espiritual final. Ver também *caminho/caminho espiritual.* Consultar *Solos e Caminhos Tântricos.*

Ventos interiores Ventos especiais, relativos à mente, que fluem através dos canais do corpo. O corpo e a mente não podem funcionar sem esses ventos. Consultar *Clara-Luz de Êxtase, Mahamudra-Tantra, Budismo Moderno* e *Solos e Caminhos Tântricos.*

Vigilância Fator mental que é um tipo de sabedoria que examina as nossas atividades de corpo, fala e mente e sabe se falhas estão se desenvolvendo ou não. Consultar *Como Entender a Mente* e *Contemplações Significativas.*

Visão superior Sabedoria especial que vê ou percebe seu objeto claramente e que é mantida pelo tranquilo-permanecer e pela maleabilidade especial induzida por investigação. Consultar *Caminho Alegre da Boa Fortuna.*

Voto Uma determinação virtuosa de abandonar falhas específicas que é gerada em associação com um ritual tradicional. Os três conjuntos de votos são: os votos Pratimoksha de libertação individual, os votos Bodhisattva e os votos do Mantra Secreto, ou tântricos. Consultar *O Voto Bodhisattva* e *Solos e Caminhos Tântricos*.

Bibliografia

Desde a sua chegada ao Ocidente, em 1977, Venerável Geshe Kelsang Gyatso Rinpoche, o altamente respeitado mestre de meditação e erudito da tradição do Budismo Mahayana fundada por Je Tsongkhapa, trabalhou incansavelmente para estabelecer o puro Budadharma no mundo inteiro. Durante esse período, deu extensos ensinamentos sobre as principais escrituras mahayana. Esses ensinamentos proporcionam uma exposição completa das práticas essenciais de Sutra e de Tantra do Budismo Mahayana.

Consulte o website da Editora Tharpa para conferir os títulos disponíveis em língua portuguesa.

Livros

Budismo Moderno O caminho da compaixão e sabedoria. (4ª edição, 2023)

Caminho Alegre da Boa Fortuna O caminho à felicidade suprema da iluminação. (5ª edição, 2023)

Clara-Luz de Êxtase Um manual de meditação tântrica. (2020)

Como Entender a Mente A natureza e o poder da mente. (edição revista pelo autor, 2014. Edição anterior, com o título *Entender a Mente*, 2002)

Como Solucionar Nossos Problemas Humanos As Quatro Nobres Verdades. (4ª edição, 2012)

Como Transformar a sua Vida Uma jornada de êxtase. (edição revista pelo autor, 2017. Edição anterior, com o título *Transforme sua Vida*, 2014)

Compaixão Universal Soluções inspiradoras para tempos difíceis. (3ª edição, 2007)

Contemplações Significativas Como se tornar um amigo do mundo. (2009)

O Espelho do Dharma, com Adições Como Encontrar o Verdadeiro Significado da Vida Humana. (2019. Edição anterior, com o título *O Espelho do Dharma*, 2018)

Essência do Vajrayana A prática do Tantra Ioga Supremo do mandala de corpo de Heruka. (2017)

Grande Tesouro de Mérito Como confiar em um Guia Espiritual. (2013)

Guia do Estilo de Vida do Bodhisattva Como desfrutar uma vida de grande significado e altruísmo. Uma tradução da famosa obra-prima em versos de Shantideva. (2ª edição, 2009)

Introdução ao Budismo Uma explicação do estilo de vida budista. (6ª edição, 2012)

As Instruções Orais do Mahamudra A verdadeira essência dos ensinamentos, de Sutra e de Tantra, de Buda (2016)

Joia-Coração As práticas essenciais do Budismo Kadampa. (2ª edição, 2016)

Mahamudra-Tantra O supremo néctar da Joia-Coração. (3ª edição, 2024)

Novo Coração de Sabedoria Uma explicação do Sutra Coração. (edição revista pelo autor, 2013. Edição anterior, com o título *Coração de Sabedoria*, 2005)

Novo Guia à Terra Dakini A prática do Tantra Ioga Supremo de Buda Vajrayogini. (edição revista pelo autor, 2015. Edição anterior, com o título *Guia à Terra Dakini*, 2001)

Novo Manual de Meditação Meditações para tornar nossa vida feliz e significativa. (3ª edição, 2021)

Novo Oito Passos para a Felicidade O caminho budista da bondade amorosa. (edição revista pelo autor, 2017. Edições anteriores, como *Oito Passos para a Felicidade*: 2013 – também revista pelo autor – e 2007)

Oceano de Néctar A verdadeira natureza de todas as coisas. (2019)

Solos e Caminhos Tântricos Como ingressar, progredir e concluir o Caminho Vajrayana. (2016)

Viver Significativamente, Morrer com Alegria A prática profunda da transferência de consciência. (2007)

O Voto Bodhisattva Um guia prático para ajudar os outros. (3ª edição, 2021)

Sadhanas e outros Livretos

Venerável Geshe Kelsang Gyatso Rinpoche também supervisionou a tradução de uma coleção essencial de sadhanas, ou livretos de preces, para aquisições espirituais. Consulte o website da Editora Tharpa para conferir os títulos disponíveis em língua portuguesa.

Caminho de Compaixão para quem Morreu Sadhana de Powa para o benefício dos que morreram.

Caminho de Êxtase A sadhana condensada de autogeração de Vajrayogini.

Caminho para o Paraíso, O A prática de transferência de consciência (Powa) de Arya Tara.

Caminho Rápido ao Grande Êxtase A sadhana extensa de autogeração de Vajrayogini.

Caminho à Terra Pura Sadhana para o treino em Powa (a transferência de consciência).

As Centenas de Deidades da Terra Alegre de Acordo com o Tantra Ioga Supremo O Guru-Ioga de Je Tsongkhapa como uma Prática Preliminar ao Mahamudra.

Cerimônia de Powa Transferência de consciência de quem morreu.

Cerimônia de Refúgio Mahayana e Cerimônia do Voto Bodhisattva.

Cerimônia do Voto Pratimoksha de uma Pessoa Leiga.

A Confissão Bodhisattva das Quedas Morais A prática de purificação do Sutra Mahayana dos Três Montes Superiores.

Essência da Boa Fortuna Preces para as seis práticas preparatórias para meditação nas etapas do caminho à iluminação.

Essência do Vajrayana Sadhana de autogeração do mandala de corpo de Heruka, de acordo com o sistema de mahasiddha Ghantapa.

O Estilo de Vida Kadampa As práticas essenciais do Lamrim Kadam.

Festa de Grande Êxtase Sadhana de autoiniciação de Vajrayogini.

Gota de Néctar Essencial Uma prática especial de jejum e de purificação em associação com Avalokiteshvara de Onze Faces.

Grande Libertação do Pai Preces preliminares para a meditação no Mahamudra em associação com a prática de Heruka.

Grande Libertação da Mãe Preces preliminares para a meditação no Mahamudra em associação com a prática de Vajrayogini.

A Grande Mãe Um método para superar impedimentos e obstáculos pela recitação do *Sutra Essência da Sabedoria* (o *Sutra Coração*).

O Ioga de Avalokiteshvara de Mil Braços Sadhana de autogeração.

O Ioga de Buda Amitayus Um método especial para aumentar tempo de vida, sabedoria e mérito.

O Ioga de Buda Heruka A sadhana essencial de autogeração do mandala de corpo de Heruka & Ioga Condensado em Seis Sessões.

O Ioga de Buda Maitreya Sadhana de autogeração.

O Ioga de Buda Vajrapani Sadhana de autogeração.

Ioga da Dakini A sadhana mediana de autogeração de Vajrayogini.

O Ioga da Grande Mãe Prajnaparamita Sadhana de autogeração.

O Ioga Incomum da Inconceptibilidade A instrução especial sobre como alcançar a Terra Pura de Keajra com este corpo humano.

O Ioga da Mãe Iluminada Arya Tara Sadhana de autogeração.

O Ioga de Tara Branca, Buda de Longa Vida.

Joia-Coração O Guru-Ioga de Je Tsongkhapa, associado à sadhana condensada de seu Protetor do Dharma.

Joia-que-Satisfaz-os-Desejos O Guru-Ioga de Je Tsongkhapa, associado à sadhana de seu Protetor do Dharma.

Libertação da Dor Louvores e pedidos para as Vinte e Uma Taras.

Manual para a Prática Diária dos Votos Bodhisattva e Tântricos.

Meditação e Recitação de Vajrasattva Solitário.

Melodioso Tambor Vitorioso em Todas as Direções O ritual extenso de cumprimento e de renovação de compromissos com o Protetor do Dharma, o grande rei Dorje Shugden, juntamente com Mahakala, Kalarupa, Kalindewi e outros Protetores do Dharma.

Nova Essência do Vajrayana A prática de autogeração do mandala de corpo de Heruka, uma instrução da Linhagem Oral Ganden.

Oferenda ao Guia Espiritual (Lama Chöpa) Uma maneira especial de confiar no nosso Guia Espiritual.

Oferenda Ardente do Mandala de Corpo de Heruka.

Oferenda Ardente de Vajradaka.

Oferenda Ardente de Vajrayogini.

Paraíso de Keajra O comentário essencial à prática do Ioga Incomum da Inconceptibilidade.

Pedido ao Sagrado Guia Espiritual Venerável Geshe Kelsang Gyatso, de seus Fiéis Discípulos.

Pedidos ao Senhor de Todas as Linhagens.

Prática Condensada de Buda Amitayus para Longa Vida.

Prece do Buda da Medicina Um método para beneficiar os outros.

Prece Libertadora Louvor a Buda Shakyamuni

Preces para Meditação Preces preparatórias breves para meditação.

Preces pela Paz Mundial.

Preces Sinceras Preces para o rito funeral em cremações ou enterros.

Sadhana de Avalokiteshvara Preces e pedidos ao Buda da Compaixão.

Sadhana do Buda da Medicina Um método para obter as aquisições do Buda da Medicina.
O Tantra-Raiz de Heruka e Vajrayogini Capítulos Um e Cinquenta e Um do Tantra-Raiz Condensado de Heruka.
O Texto-Raiz: As Oito Estrofes do Treino da Mente
Tesouro de Sabedoria A sadhana do Venerável Manjushri.
União-do-Não-Mais-Aprender Sadhana de autoiniciação do mandala de corpo de Heruka.
Vida Pura A prática de tomar e manter os Oito Preceitos Mahayana.
Os Votos e Compromissos do Budismo Kadampa.

Os nossos livros e sadhanas podem ser adquiridos nos Centros de Meditação Kadampa e suas filiais. Você também pode adquiri-los diretamente em **Tharpa.com/br** ou no escritório da Editora Tharpa mais próximo, listados nas páginas 167-168.

Programas de Estudo do Budismo Kadampa

O Budismo Kadampa é uma escola do Budismo Mahayana fundada pelo grande mestre budista indiano Atisha (982-1054). Seus seguidores são conhecidos como "Kadampas": "Ka" significa "palavra" e refere-se aos ensinamentos de Buda, e "dam" refere-se às instruções especiais de Lamrim ensinadas por Atisha, conhecidas como "as etapas do caminho para a iluminação". Através de integrar o conhecimento de todos os ensinamentos de Buda com a prática de Lamrim, e de incorporar isso em suas vidas diárias, os budistas kadampas são incentivados a usar os ensinamentos de Buda como métodos práticos para transformar atividades diárias em caminho para a iluminação. Os grandes professores kadampas são famosos não apenas por serem grandes eruditos, mas também por serem praticantes espirituais de imensa pureza e sinceridade.

A linhagem desses ensinamentos, tanto sua transmissão oral como suas bênçãos, foi transmitida de professor a discípulo e se expandiu por grande parte da Ásia e, agora, por muitos países do mundo. Os ensinamentos de Buda, conhecidos como "Dharma", são comparados a uma roda que se desloca de um país a outro de acordo com a mudança das condições e tendências cármicas de seus habitantes. As formas externas de se apresentar o Budismo podem mudar à medida que ele entra em contato com diferentes culturas e sociedades, mas sua autenticidade essencial é assegurada pela continuidade de uma linhagem ininterrupta de praticantes realizados.

O Budismo Kadampa foi apresentado pela primeira vez ao mundo moderno em 1977 pelo renomado mestre budista Venerável Geshe Kelsang Gyatso Rinpoche. Desde então, ele trabalhou incansavelmente para difundir o Budismo Kadampa por todo o mundo, dando extensos ensinamentos, escrevendo textos profundos sobre o Budismo Kadampa e fundando a Nova Tradição Kadampa-União Budista Kadampa Internacional (NKT–IKBU), que hoje congrega mais de 1.200 Centros Budistas Kadampa em todo o mundo. Cada um desses centros oferece programas de estudo sobre *psicologia*, *filosofia* e *instruções sobre meditação* budistas, bem como retiros para todos os níveis de praticantes. A ênfase está na integração dos ensinamentos de Buda na vida diária para solucionar nossos problemas humanos e difundir paz e felicidade duradouras por todo o mundo.

O Budismo Kadampa da NKT–IKBU é uma tradição budista totalmente independente e sem filiações políticas. É uma associação de centros budistas e de praticantes que se inspiram e se orientam a partir do exemplo e ensinamentos dos mestres kadampa do passado, conforme apresentados por Venerável Geshe Kelsang Gyatso Rinpoche.

Existem três razões pelas quais precisamos estudar e praticar os ensinamentos de Buda: para desenvolver nossa sabedoria, cultivar um bom coração e manter um estado mental pacífico. Se não nos empenharmos em desenvolver nossa sabedoria, sempre permaneceremos ignorantes da verdade última – a verdadeira natureza da realidade. Embora desejemos felicidade, nossa ignorância nos leva a cometer ações não-virtuosas, que são a causa principal de todo o nosso sofrimento. Se não cultivarmos um bom coração, nossa motivação egoísta destruirá a harmonia e as boas relações que temos com os outros. Não teremos paz nem chance de obter felicidade pura. Sem paz interior, a paz exterior é impossível. Se não mantivermos um estado mental pacífico, não seremos felizes, mesmo que tenhamos condições ideais. Por outro lado, quando nossa mente está pacífica, somos felizes, ainda que as condições exteriores sejam desagradáveis. Portanto, o desenvolvimento dessas qualidades é da maior importância para nossa felicidade diária.

Venerável Geshe Kelsang – ou "Geshe-la", como é afetuosamente conhecido por seus alunos – organizou três programas espirituais especiais para o estudo e a prática sistemáticos do Budismo Kadampa. Esses programas são especialmente adequados para o mundo moderno: o Programa Geral (PG), o Programa Fundamental (PF) e o Programa de Formação de Professores (PFP).

PROGRAMA GERAL

O Programa Geral (PG) oferece uma introdução básica à visão, meditação e prática budistas que é ideal para iniciantes. Também inclui ensinamentos e práticas avançadas, tanto de Sutra como de Tantra.

PROGRAMA FUNDAMENTAL

O Programa Fundamental (PF) oferece uma oportunidade de aprofundar nossa compreensão e experiência do Budismo por meio do estudo sistemático de seis textos:

1. *Caminho Alegre da Boa Fortuna* – um comentário às instruções de Lamrim, as Etapas do Caminho à iluminação, de Atisha.
2. *Compaixão Universal* – um comentário ao *Treino da Mente em Sete Pontos*, do Bodhisattva Chekhawa.
3. *Novo Oito Passos para a Felicidade* – um comentário às *Oito Estrofes do Treino da Mente*, do Bodhisattva Langri Tangpa.
4. *Novo Coração de Sabedoria* – um comentário ao *Sutra Coração.*
5. *Contemplações Significativas* – um comentário ao *Guia do Estilo de Vida do Bodhisattva*, escrito pelo Bodhisattva Shantideva.

6. *Como Entender a Mente* – uma explicação detalhada da mente, com base nos trabalhos dos eruditos budistas Dharmakirti e Dignaga.

Os benefícios de estudar e praticar esses textos são:

(1) *Caminho Alegre da Boa Fortuna* – obtemos a habilidade de colocar em prática todos os ensinamentos de Buda: de Sutra e de Tantra. Podemos facilmente fazer progressos e concluir as etapas do caminho à felicidade suprema da iluminação. Do ponto de vista prático, o Lamrim é o corpo principal dos ensinamentos de Buda, e todos os demais ensinamentos são como seus membros.

(2) *Compaixão Universal* e (3) *Novo Oito Passos para a Felicidade* – obtemos a habilidade de incorporar os ensinamentos de Buda em nossa vida diária e de solucionar todos os nossos problemas humanos.

(4) *Novo Coração de Sabedoria* – obtemos a realização da natureza última da realidade. Por obter essa realização, podemos eliminar a ignorância do agarramento ao em-si, que é a raiz de todos os nossos sofrimentos.

(5) *Contemplações Significativas* – transformamos nossas atividades diárias no estilo de vida de um Bodhisattva, tornando significativo cada momento de nossa vida humana.

(6) *Como Entender a Mente* – compreendemos a relação entre nossa mente e seus objetos exteriores. Se entendermos que os objetos dependem da mente subjetiva, poderemos mudar a maneira como esses objetos nos aparecem, por meio de mudar nossa própria mente. Aos poucos, vamos adquirir a habilidade de controlar nossa mente e de solucionar todos os nossos problemas.

PROGRAMA DE FORMAÇÃO DE PROFESSORES

O Programa de Formação de Professores (PFP) foi concebido para as pessoas que desejam treinar para se tornarem autênticos professores de Dharma. Além de concluir o estudo de quatorze textos de Sutra e de Tantra (o qual inclui os seis textos acima citados), o estudante é solicitado a observar alguns compromissos que dizem respeito ao seu comportamento e estilo de vida, além de concluir um determinado número de retiros de meditação.

Um Programa Especial de Formação de Professores é também mantido pelo *Manjushri Kadampa Meditation Centre*, em Ulverston, Inglaterra, e pode ser realizado tanto presencialmente no Centro como por correspondência. Esse programa especial de estudo e meditação consiste em treze cursos fundamentados nos seguintes livros de Venerável Geshe Kelsang Gyatso Rinpoche: *Como Entender a Mente*; *Budismo Moderno*; *Novo Coração de Sabedoria*; *Solos e Caminhos Tântricos*; *Guia do Estilo de Vida do Bodhisattva*, de Shantideva, e seu comentário – *Contemplações Significativas*; *Oceano de Néctar*; *Novo Guia à Terra Dakini*; *As Instruções Orais do Mahamudra*; *Novo Oito Passos para a Felicidade*; *O Espelho do Dharma com Adições*; *Essência do Vajrayana*; *Grande Tesouro de Mérito*; e *Caminho Alegre da Boa Fortuna*.

Todos os Centros Budistas Kadampa são abertos ao público. Anualmente, celebramos festivais em muitos países ao redor do mundo, incluindo dois festivais na Inglaterra, nos quais pessoas do mundo inteiro reúnem-se para receber iniciações e ensinamentos especiais e desfrutar de férias espirituais. Por favor, sinta-se à vontade para nos visitar a qualquer momento!

Para mais informações sobre os programas de estudo da NKT–IKBU ou para encontrar o Centro Budista mais próximo de você, por favor, acesse www.kadampa.org ou entre em contato com:

NO BRASIL

Centro de Meditação Kadampa Brasil
www.budismokadampa.org.br

EM PORTUGAL

Centro de Meditação Kadampa Deuachen
www.kadampa.pt

Escritórios da Editora Tharpa no Mundo

Atualmente, os livros da Editora Tharpa são publicados em inglês (americano e britânico), alemão, chinês, espanhol, francês, italiano, japonês, português (do Brasil e de Portugal) e sueco. Os livros nesses idiomas estão disponíveis nos escritórios da Editora Tharpa listados a seguir.

Tharpa África do Sul
26 Menston Road, Westville
Durban, 2629, KZN
Rep. da África do Sul
Tel: +27 (0) 31 266 0096
Web: www.tharpa.com/za
E-mail: info.za@tharpa.com

Tharpa Alemanha
Chausseestraße 108,
10115 Berlim, Alemanha
Tel: +49 (030) 430 55 666
Web: www.tharpa.com/de
E-mail: info.de@tharpa.com

Tharpa Ásia
1st Floor Causeway Tower,
16-22 Causeway Road,
Causeway Bay,
Hong Kong
Tel: +(852) 2507 2237
Web: tharpa.com/hk-en
E-mail: info.asia@tharpa.com

Tharpa Austrália
25 McCarthy Road
Monbulk, VIC 3793
Austrália
Tel: +61 (3) 9756-7203
Web: tharpa.com/au
E-mail: info.au@tharpa.com

Tharpa Brasil
Rua Artur de Azevedo, 1326
Pinheiros, 05404-003
São Paulo – SP
Brasil
Tel: +55 (11) 91332-2753
Web: www.tharpa.com/br
E-mail: contato.br@tharpa.com

Tharpa Canadá (em francês)
835 Laurier est Montréal,
QC,H2J 1G2, Canadá
Tel: (+1) 514-521-1313
Web: tharpa.com/ca-fr/
E-mail: info.ca-fr@tharpa.com

Tharpa Canadá (em inglês)
Toronto ON, M6G 3K1
Canadá
Tel: (+1) 416-762-8710
Web: www.tharpa.com/ca
E-mail: info.ca@tharpa.com

Tharpa Chile
Av. Seminario 589, Providencia,
Santiago, Chile
Tél: +56 (9) 91297091
Web: tharpa.com/cl
Email: info.cl@tharpa.com

Tharpa Espanha
Calle La Fábrica 8, 28221
Majadahonda, Madrid
Espanha
Tel.: +34 911 124 914
Web: www.tharpa.com/es
E-mail: info.es@tharpa.com

Tharpa Estados Unidos
Glen Spey NY 12737, EUA
Tel: +1 845-856-5102
Web: tharpa.com/us
E-mail: info.us@tharpa.com

Tharpa França
Château de Segrais
72220 Saint-Mars-D'outillé,
França
Tél: +33 (0)2 52 36 03 89
Web: www.tharpa.com/fr
E-mail: info.fr@tharpa.com

Tharpa Japão
KMC Tokyo, Tokyo,
2F Vogue Daikanyama II,
13-4 Daikanyama-cho,
Shibuya-ku, Tóquio,
150-0034, Japão
Web: kadampa.jp
E-mail: info@kadampa.jp

Tharpa México
Enrique Rébsamen nº 406,
Col. Narvate Poniente
Cidade de México,
CDMX, C.P. 03020, México,
Tel: +52 (55) 56 39 61 80
Web: www.tharpa.com/mx
Email: info.mx@tharpa.com

Tharpa Nova Zelândia
2 Stokes Road, Mount Eden,
Auckland 1024, Nova Zelândia
Tel: +64 09 631 5400
Web: tharpa.com/nz
E-mail: info.nz@tharpa.com

Tharpa Portugal
Rua Moinho do Gato, 5
Várzea de Sintra
Sintra, 2710-661 – Portugal
Tel.: +351 219 231 064
Web: tharpa.pt
E-mail: info@tharpa.pt

Tharpa Suécia
c/o KMC Stockholm,
Upplandsgatan 18, 113 60
Estocolmo, Suécia
Tel: +46 (0) 72 251 4090
Email: info.se@tharpa.com

Tharpa Suíça
Mirabellenstrasse 1 CH-8048
Zurique, Suíça
Tel: +41 44 461 36 88
Web: tharpa.com/ch
E-mail: info.ch@tharpa.com

Tharpa UK
Conishead Priory
Ulverston, Cumbria
LA12 9QQ, Reino Unido
Tel: +44 (0)1229-588599
Web: tharpa.com/uk
E-mail: info.uk@tharpa.com

Índice remissivo

a letra "g" indica entrada para o glossário

D

M

N

O

Leituras Recomendadas

Se você apreciou a leitura deste livro e deseja encontrar mais informações sobre o pensamento e a prática budistas, apresentamos alguns outros livros do Venerável Geshe Kelsang Gyatso Rinpoche que você poderá gostar de ler ou ouvir. Eles estão disponíveis pela Editora Tharpa.

BUDISMO MODERNO
O Caminho de Compaixão e Sabedoria

Por desenvolver e manter compaixão e sabedoria na vida diária, podemos transformar nossas vidas, melhorar nossos relacionamentos com os outros e ver além das aparências, enxergando o modo como as coisas realmente existem. Dessa maneira, podemos solucionar todos os nossos problemas diários e realizar o verdadeiro sentido da nossa vida humana. Com compaixão e sabedoria, como as duas asas de um pássaro, podemos alcançar rapidamente o mundo iluminado de um Buda.

COMO TRANSFORMAR A SUA VIDA
Uma Jornada de Êxtase

Um manual prático para a vida diária, que mostra como podemos desenvolver e manter paz interior, reduzir e interromper o modo como experienciamos nossos problemas, e como podemos promover mudanças positivas em nossas vidas, que nos permitirão, por fim, experienciar felicidade profunda e duradoura.

E-Books Grátis

Venerável Geshe Kelsang deseja tanto que todos tenham acesso a estas práticas e ensinamentos que pediu à Editora Tharpa para disponibilizar os livros ***Budismo Moderno*** e ***Como Transformar a Sua Vida*** gratuitamente em formato e-book. Baixe agora em **Tharpa.com/br**

CAMINHO ALEGRE DA BOA FORTUNA
O Caminho à Felicidade Suprema da Iluminação

Todos nós temos o potencial para a autotransformação e uma capacidade ilimitada para o desenvolvimento de boas qualidades, mas para realizar esse potencial precisamos saber o que fazer a cada etapa da nossa jornada espiritual. Este livro oferece uma explicação detalhada do caminho completo à iluminação, com os ensinamentos de Buda apresentados passo-a-passo, tornando muito fácil para o leitor moderno colocá-los em prática. Um perfeito guia ao caminho budista.

NOVO OITO PASSOS PARA A FELICIDADE
O Caminho Budista da Bondade Amorosa

Este livro inspirador explica como podemos transformar todas as dificuldades da vida em valiosos insights espirituais, através de meditar num dos ensinamentos mais amados do Budismo – Os *Oito Versos do Treino da Mente*, do grande Bodhisattva tibetano, Geshe Langri Tangpa. O autor revela maneiras práticas através das quais podemos utilizar essa sabedoria atemporal para encontrar felicidade duradoura e significativa na nossa atribulada vida moderna.

COMO SOLUCIONAR NOSSOS PROBLEMAS HUMANOS
As Quatro Nobres Verdades

Este livro mostra de que modo o popular ensinamento de Buda sobre as Quatro Nobres Verdades pode ajudar-nos a solucionar problemas humanos básicos como a insatisfação e a raiva, e oferece uma exposição clara e profunda sobre a nossa experiência humana e o nosso potencial para uma profunda liberdade interior.

NOVO MANUAL DE MEDITAÇÃO
Meditações para Tornar nossa Vida Feliz e Significativa

Este popular e prático manual possibilita-nos descobrir, por nós mesmos, a paz interior e a claridade mental que surgem da meditação. O autor explica, passo a passo, 21 meditações que conduzem a estados mentais cada vez mais benéficos e que, reunidas, formam o caminho budista completo à iluminação.

MAHAMUDRA-TANTRA
O Néctar Supremo da Joia-Coração

O Tantra é muito popular, mas pouquíssimas pessoas compreendem seu verdadeiro significado. Este livro explica como podemos alcançar a sublime união de êxtase e vacuidade, conhecida como Mahamudra – a verdadeira essência da meditação tântrica budista.

Para adquirir as nossas publicações, por favor, visite **Tharpa.com/br** ou entre em contato com a Editora Tharpa mais próxima (para uma lista das Editoras Tharpa em todo o mundo, ver páginas 167-168).

Encontre um Centro de Meditação Kadampa Próximo de Você

Para aprofundar sua compreensão deste livro e de outros livros publicados pela Editora Tharpa, assim como a aplicação desses ensinamentos na vida diária, você pode receber ajuda e inspiração de professores e praticantes qualificados.

As Editoras Tharpa são parte da comunidade espiritual da Nova Tradição Kadampa. Esta tradição possui mais de 1.200 Centros e filiais em mais de 40 países ao redor do mundo. Todos os Centros e suas filiais oferecem aulas de estudo e meditação com base neste e em outros livros sobre Budismo moderno e meditação, ensinados por professores qualificados. Para mais detalhes, consulte *Programas de Estudo do Budismo Kadampa* (ver páginas 161-166).

Essas aulas proporcionam uma oportunidade especial para explorar os temas apresentados nos livros do Venerável Geshe Kelsang Gyatso Rinpoche e foram desenvolvidas para se adequarem confortavelmente ao estilo de vida moderno.

Para encontrar o seu Centro Kadampa local, visite:
tharpa.com/br/centros